十看不如一讀(십간불여일독)이요.

열 번 눈으로 보기만 하는 것은 한번 소리 내어 읽는 것만 못하고,

十讀不如一書(십독불여일서)이다.

열 번 소리 내어 읽는 것은 한번 정성들여 쓰는 것만 못하다.

대한민국 대표한자
아이한자
www.ihanja.com

왜! 한자를 알아야 하는가?

- 논술은 어휘력(語彙力)이 좌우한다.
- 논술은 고급 단어(單語)는 주로 한자어(漢字語)로 되어 있다.
- 문해력(文解力)은 국어뿐 아니라 모든 과목의 기초 학습 능력과 직결되므로 초등 저학년부터 꾸준히 글을 읽으면서 어휘를 익히고 다양한 문제를 통해 문해(文解) 감각을 익혀야 한다.
- 한자(漢字) 학습과 배경지식 함양이 국어 독해력 및 문해력 향상의 지름길이다.

급수한자 4급(500字)
자격증 바로따기
준4급~4급(하권)

발 행 일	2025년 5월 10일 1판 1쇄 발행
저 자	권용선 (權容璿)
발 행 인	배영순
발 행 처	홍익교육 (홍익에듀)
주 소	경기도 광명시 광명동 747-19 리츠팰리스 비동 504호
전 화	02-2060-4011
등 록 번 호	2010-10호
페 이 지	136p
사 이 즈	188×257
이메일 문의	ihanja@ihanja.com
정 가	12,000원

※ 학습 대상 : 초등생, 중·고등생, 대학생, 일반인 등
ISBN | 979-11-88505-18-0 / 64710
세트 번호 | 979-11-88505-19-7(세트)

좋은 책을 만드는 데 협조해 주신 분들께 감사드립니다.

머리말

본서는 우리 국어의 70% 이상을 차지하는 한자어를 이해하고 효과적으로 활용하는데 그 목적이 있다. 이를 위해 먼저 그 한자가 지니고 있는 특성을 바탕으로 하는 훈(訓 : 뜻)과 음(音 : 소리)을 익히고, 각 글자에 대한 짜임과 순서를 정확히 알고, 관련 어휘(語彙)를 아는 것이 궁극적인 목적이다.

따라 쓰기의 연습 과정에서 가장 중요한 것은 바른 서체를 잘 선택하고, 획순을 보지 않고서도 쓸 수 있을 때까지 한 자 한 자 열심히 써 보고, 관련 어휘 뜻풀이도 익히도록 한다.

처음에는 많은 글씨를 빨리 쓰기보다는 정성 들여 써 보는 것이 가장 효과적이다.

본서는 급수 한자 1,000字를 각 급수별(8급-4급)로 분류하여 학습자가 올바르게 쓰는데 주안점을 두었다. 특히 이 교재는 각종 단체에서 실시하는 한자 급수 시험에 대비하기 위한 준비 교재로 활용하도록 만들었다.

상권에서는 모두 500字를 익히게 하여 8급에서 5급 급수 시험에, **하권**에서도 모두 500字를 익히게 하여 준4급에서 4급 급수 시험에, 상권, 하권을 합해 1,000字를 학습 할 수 있도록 하였으며, **특히 1,000字 한자 관련 초등학교에서 꼭 필요한 따라 쓰기와 어휘 뜻풀이 2,000여개를 수록하였다.** 학습 방법으로는 다음과 같이 하였다.

여러분들의 큰 성과를 기대하며, 감사(感謝) 드린다.

홍익교육(홍익에듀)
權容璿(권용선)

목차

이 책의 특징

- 준4급에서 4급까지 획순 익히기 500字 수록
- 준4급에서 4급까지 획순 따라 쓰기 500字 수록
- 관련 어휘 뜻풀이 1,000여개 수록
- 쓰기 연습장 수록
- 장음으로만 발음되는 한자(漢字) : 표시
  장음과 단음이 단어에 따라 다른 것은 (:) 표시
- 한국어문회 기준 각 급수별로 분류(준4급, 4급)
- 참고사항
  훈(뜻)과 음(소리) 두 개 이상이 있을 경우에는 앞에 있는 것이 대표 훈(뜻)과 음(소리)입니다.
  예) 階 : 섬돌/층계 계

준4급 급수한자(250字) 목록

회차 (페이지)	해당 한자	선생님 확인	회차 (페이지)	해당 한자	선생님 확인
1회 (12p)	假 街 減 監 康 가 가 감 감 강		21회 (32p)	設 城 盛 誠 星 설 성 성 성 성	
2회 (13p)	講 個 檢 缺 潔 강 개 검 결 결		22회 (33p)	聖 聲 細 稅 勢 성 성 세 세 세	
3회 (14p)	經 警 境 慶 係 경 경 경 경 계		23회 (34p)	素 笑 掃 俗 續 소 소 소 속 속	
4회 (15p)	故 官 求 究 句 고 관 구 구 구		24회 (35p)	送 守 收 受 授 송 수 수 수 수	
5회 (16p)	宮 權 極 禁 起 궁 권 극 금 기		25회 (36p)	修 純 承 視 是 수 순 승 시 시	
6회 (17p)	器 暖 難 努 怒 기 난 난 노 노		26회 (37p)	施 詩 試 息 申 시 시 시 식 신	
7회 (18p)	單 端 檀 斷 達 단 단 단 단 달		27회 (38p)	深 眼 暗 壓 液 심 안 암 압 액	
8회 (19p)	擔 黨 帶 隊 導 담 당 대 대 도		28회 (39p)	羊 如 餘 逆 研 양 여 여 역 연	
9회 (20p)	毒 督 銅 斗 豆 독 독 동 두 두		29회 (40p)	煙 演 榮 藝 誤 연 연 영 예 오	
10회 (21p)	得 燈 羅 兩 麗 득 등 라 량 려		30회 (41p)	玉 往 謠 容 員 옥 왕 요 용 원	
11회 (22p)	連 列 錄 論 留 련 렬 록 론 류		31회 (42p)	圓 衛 爲 肉 恩 원 위 위 육 은	
12회 (23p)	律 滿 脈 毛 牧 률 만 맥 모 목		32회 (43p)	陰 應 義 議 移 음 응 의 의 이	
13회 (24p)	武 務 未 味 密 무 무 미 미 밀		33회 (44p)	益 引 印 認 障 익 인 인 인 장	
14회 (25p)	博 防 房 訪 背 박 방 방 방 배		34회 (45p)	將 低 敵 田 絶 장 저 적 전 절	
15회 (26p)	拜 配 伐 罰 壁 배 배 벌 벌 벽		35회 (46p)	接 政 程 精 制 접 정 정 정 제	
16회 (27p)	邊 步 保 報 寶 변 보 보 보 보		36회 (47p)	製 除 祭 際 提 제 제 제 제 제	
17회 (28p)	復 府 婦 副 富 복 부 부 부 부		37회 (48p)	濟 早 助 造 鳥 제 조 조 조 조	
18회 (29p)	佛 非 悲 飛 備 불 비 비 비 비		38회 (49p)	尊 宗 走 竹 準 존 종 주 죽 준	
19회 (30p)	貧 寺 舍 師 謝 빈 사 사 사 사		39회 (50p)	衆 增 支 至 志 중 증 지 지 지	
20회 (31p)	殺 床 狀 想 常 살 상 상 상 상		40회 (51p)	指 職 眞 進 次 지 직 진 진 차	

*참고 : "확인"란은 선생님, 학부모님께서 체크해 주시면 됩니다.

회차 (페이지)	해당 한자	선생님 확인
41회 (52p)	察 創 處 請 銃 찰 창 처 청 총	
42회 (53p)	總 蓄 築 忠 蟲 총 축 축 충 충	
43회 (54p)	取 測 治 置 齒 취 측 치 치 치	
44회 (55p)	侵 快 態 統 退 침 쾌 태 통 퇴	
45회 (56p)	波 破 布 包 砲 파 파 포 포 포	

회차 (페이지)	해당 한자	선생님 확인
46회 (57p)	暴 票 豊 限 航 폭 표 풍 한 항	
47회 (58p)	港 解 香 鄕 虛 항 해 향 향 허	
48회 (59p)	驗 賢 血 協 惠 험 현 혈 협 혜	
49회 (60p)	戶 呼 好 護 貨 호 호 호 호 화	
50회 (61p)	確 回 吸 興 希 확 회 흡 흥 희	

*참고 : "확인"란은 선생님, 학부모님께서 체크해 주시면 됩니다.

4급 급수한자(250字) 목록

회차 (페이지)	해당 한자	선생님 확인	회차 (페이지)	해당 한자	선생님 확인
1회 (64p)	暇 刻 覺 干 看 가 각 각 간 간		21회 (84p)	象 傷 宣 舌 屬 상 상 선 설 속	
2회 (65p)	簡 甘 敢 甲 降 간 감 감 갑 강		22회 (85p)	損 松 頌 秀 叔 손 송 송 수 숙	
3회 (66p)	更 巨 拒 居 據 경 거 거 거 거		23회 (86p)	肅 崇 氏 額 樣 숙 숭 씨 액 양	
4회 (67p)	傑 儉 激 擊 犬 걸 검 격 격 견		24회 (87p)	嚴 與 易 域 延 엄 여 역 역 연	
5회 (68p)	堅 傾 警 鏡 戒 견 경 경 경 계		25회 (88p)	鉛 緣 燃 迎 映 연 연 연 영 영	
6회 (69p)	系 季 階 鷄 繼 계 계 계 계 계		26회 (89p)	營 豫 郵 遇 優 영 예 우 우 우	
7회 (70p)	孤 庫 穀 困 骨 고 고 곡 곤 골		27회 (90p)	怨 源 援 危 委 원 원 원 위 위	
8회 (71p)	攻 孔 管 鑛 構 공 공 관 광 구		28회 (91p)	威 圍 慰 乳 遊 위 위 위 유 유	
9회 (72p)	君 郡 屈 窮 券 군 군 굴 궁 권		29회 (92p)	遺 儒 隱 依 儀 유 유 은 의 의	
10회 (73p)	卷 勸 歸 均 劇 권 권 귀 균 극		30회 (93p)	疑 異 仁 姉 姿 의 이 인 자 자	
11회 (74p)	筋 勤 紀 奇 寄 근 근 기 기 기		31회 (94p)	資 殘 雜 壯 裝 자 잔 잡 장 장	
12회 (75p)	機 納 段 徒 逃 기 납 단 도 도		32회 (95p)	帳 張 奬 腸 底 장 장 장 장 저	
13회 (76p)	盜 卵 亂 覽 略 도 란 란 람 략		33회 (96p)	賊 適 積 績 籍 적 적 적 적 적	
14회 (77p)	糧 慮 烈 龍 柳 량 려 렬 룡 류		34회 (97p)	專 轉 錢 折 占 전 전 전 절 점	
15회 (78p)	輪 離 妹 勉 鳴 륜 리 매 면 명		35회 (98p)	點 丁 整 靜 帝 점 정 정 정 제	
16회 (79p)	模 妙 墓 舞 拍 모 묘 묘 무 박		36회 (99p)	組 條 潮 存 從 조 조 조 존 종	
17회 (80p)	髮 妨 犯 範 辯 발 방 범 범 변		37회 (100p)	鍾 座 朱 周 酒 종 좌 주 주 주	
18회 (81p)	普 伏 複 否 負 보 복 복 부 부		38회 (101p)	證 誌 智 持 織 증 지 지 지 직	
19회 (82p)	粉 憤 批 秘 碑 분 분 비 비 비		39회 (102p)	珍 陣 盡 差 讚 진 진 진 차 찬	
20회 (83p)	私 射 絲 辭 散 사 사 사 사 산		40회 (103p)	採 冊 泉 聽 廳 채 책 천 청 청	

*참고 : "확인"란은 선생님, 학부모님께서 체크해 주시면 됩니다.

회차 (페이지)	해당 한자	선생님 확인	회차 (페이지)	해당 한자	선생님 확인
41회 (104p)	招 推 縮 趣 就 초 추 축 취 취		46회 (109p)	標 疲 避 恨 閑 표 피 피 한 한	
42회 (105p)	層 寢 針 稱 彈 층 침 침 칭 탄		47회 (110p)	抗 核 憲 險 革 항 핵 헌 험 혁	
43회 (106p)	歎 脫 探 擇 討 탄 탈 탐 택 토		48회 (111p)	顯 刑 或 婚 混 현 형 혹 혼 혼	
44회 (107p)	痛 投 鬪 派 判 통 투 투 파 판		49회 (112p)	紅 華 環 歡 況 홍 화 환 환 황	
45회 (108p)	篇 評 閉 胞 爆 편 평 폐 포 폭		50회 (113p)	灰 厚 候 揮 喜 회 후 후 휘 희	

*참고 : "확인"란은 선생님, 학부모님께서 체크해 주시면 됩니다.

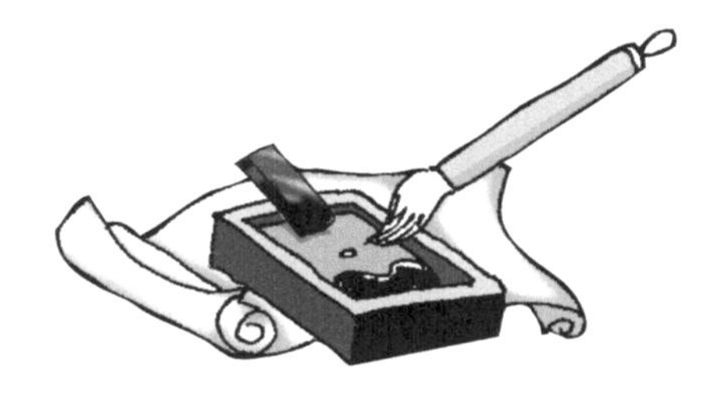

급수한자 4급(500字)
자격증 바로따기

준4급 (250字)

번호	획순 · 훈(뜻) 음(소리)	따라 쓰기 · 어휘 뜻풀이
1	假	假 假 假 假 假
	거짓 가:	❶ 가명(假名) : 실제의 자기 이름이 아닌 이름 ❷ 가건물(假建物) : 임시로 지은 건물
2	街	街 街 街 街 街
	거리 가(:)	❶ 상가(商街) : 물건을 사서 파는 집 ❷ 가로등(街路燈) : 길거리에 설치한 등
3	減	減 減 減 減 減
	덜 감:	❶ 감소(減少) : 줄어서 적어짐 ❷ 감가(減價) : 값을 줄임
4	監	監 監 監 監 監
	볼 감	❶ 감금(監禁) : 드나들지 못하도록 일정한 곳에 가둠 ❷ 감시(監視) : 단속하기 위하여 주의 깊게 살핌
5	康	康 康 康 康 康
	편안 강	❶ 건강(健康) : 정신적으로나 육체적으로 아무 탈이 없고 튼튼함 ❷ 강녕(康寧) : 몸이 건강하고 마음이 편안함

번호	획순 · 훈(뜻) 음(소리)	따라 쓰기 · 어휘 뜻풀이
6	講	
	욀/익힐 강:	❶ 강사(講師) : 학교나 학원 따위에서 위촉을 받아 강의를 하는 사람 ❷ 수강(受講) : 강의를 받음
7	個	
	낱(數爻) 개(:)	❶ 개성(個性) : 다른 사람이나 개체와 구별되는 고유의 특성 ❷ 개인(個人) : 국가나 사회, 단체 등을 구성하는 낱낱의 사람
8	檢	
	검사할 검:	❶ 검토(檢討) : 어떤 사실이나 내용을 분석하여 따짐 ❷ 검산(檢算) : 계산의 결과가 맞는지를 다시 조사하는 일
9	缺	
	이지러질/없어질 결	❶ 결석(缺席) : 출석하지 않음 ❷ 결점(缺點) : 완전하지 못한 점
10	潔	
	깨끗할 결	❶ 결백(潔白) : 아무런 허물이 없음 ❷ 간결(簡潔) : 간략하고 요점이 있음

번호	획순 · 훈(뜻) 음(소리)	따라 쓰기 · 어휘 뜻풀이
11	經	經 經 經 經 經
	지날/글/다스릴 경	❶ 경비(經費) : 사업을 경영하거나 운영하는 데 필요한 비용 ❷ 경제(經濟) : 인간의 생활에 필요한 재화나 용역을 생산 · 분배 · 소비하는 모든 활동
12	警	警 警 警 警 警
	깨우칠/경계할 경:	❶ 경고(警告) : 조심하거나 삼가도록 미리 주의를 줌 ❷ 군경(軍警) : 군인과 경찰
13	境	境 境 境 境 境
	지경/경계 경	❶ 국경(國境) : 나라와 나라의 영역을 가르는 경계 ❷ 경우(境遇) : 놓여 있는 조건이나 놓이게 된 형편이나 사정
14	慶	慶 慶 慶 慶 慶
	경사 경:	❶ 경사(慶事) : 축하할 만한 기쁜 일 ❷ 경축(慶祝) : 경사스러운 일을 축하함
15	係	係 係 係 係 係
	맬 계:	❶ 관계(關係) : 서로 관련을 맺거나 관련이 있음 ❷ 계원(係員) : 계 단위의 부서에서 일하는 사람

번호	획순 · 훈(뜻) 음(소리)	따라 쓰기 · 어휘 뜻풀이
16	故	
	연고/옛/죽은 사람 고(:)	❶ 고향(故鄕) : 자기가 태어나서 자란 곳 ❷ 죽마고우(竹馬故友) : 대말을 타고 놀던 벗이라는 뜻으로, 어릴 때부터 같이 놀며 자란 벗
17	官	
	벼슬 관	❶ 상관(上官) : 직책상 자기보다 높은 자리에 있는 사람 ❷ 장관(長官) : 행정 각 부의 장
18	求	
	구할 구	❶ 요구(要求) : 받아야 할 것을 필요에 의하여 달라고 청함 ❷ 구혼(求婚) : 결혼할 상대자를 구함
19	究	
	연구할 구	❶ 연구(硏究) : 조사하고 생각하여 진리를 알아 냄 ❷ 강구(講究) : 좋은 대책과 방법을 궁리하여 찾아내거나 좋은 대책을 세움
20	句	
	글귀/구절 구/귀	❶ 문구(文句) : 글의 구절 ❷ 미사여구(美辭麗句) : 아름다운 말로 듣기 좋게 꾸민 글귀

번호	획순 · 훈(뜻) 음(소리)	따라 쓰기 · 어휘 뜻풀이
21	宮	宮 宮 宮 宮 宮
	집/궁궐 궁	❶ 궁녀(宮女) : 궁궐 안에서 왕과 왕비를 가까이 모시는 내명부의 총칭 ❷ 궁합(宮合) : 혼인할 남녀의 사주를 보아 부부로서의 좋고 나쁨을 알아보는 점
22	權	權 權 權 權 權
	권세/권리 권	❶ 권리(權利) : 어떤 일을 행하거나 타인에 대하여 당연히 요구할 수 있는 힘이나 자격 ❷ 투표권(投票權) : 투표할 수 있는 권리
23	極	極 極 極 極 極
	다할/극진할/끝 극	❶ 극비(極祕) : 매우 중요한 비밀 ❷ 극대화(極大化) : 크게 되거나 크게 함
24	禁	禁 禁 禁 禁 禁
	금할 금:	❶ 금지(禁止) : 어떤 행위를 하지 못하도록 함 ❷ 금식(禁食) : 일정 기간 동안 음식을 먹지 않음
25	起	起 起 起 起 起
	일어날 기	❶ 제기(提起) : 의견이나 문제를 내어놓음 ❷ 기용(起用) : 인재를 높은 자리에 올려 씀

번호	획순 · 훈(뜻) 음(소리)	따라 쓰기 · 어휘 뜻풀이
26	器	
	그릇 기	❶ 식기(食器) : 음식을 담는 그릇 ❷ 무기(武器) : 전쟁이나 싸움에 사용되는 기구
27	暖	
	따뜻할 난:	❶ 난방(暖房) : 실내의 온도를 높여 따뜻하게 하는 일 ❷ 난대(暖帶) : 열대와 온대의 중간 지대
28	難	
	어려울 난(:)	❶ 비난(非難) : 남의 잘못이나 결점을 책잡아서 나쁘게 말함 ❷ 난이도(難易度) : 어려움과 쉬움의 정도
29	努	
	힘쓸 노	❶ 노력(努力) : 목적을 이루기 위하여 몸과 마음을 다하여 애를 씀 ❷ 노육(努肉) : 궂은 살
30	怒	
	성낼 노:	❶ 분노(憤怒) : 분개하여 몹시 성을 냄 ❷ 노기(怒氣) : 성난 얼굴빛

번호	획순 · 훈(뜻) 음(소리)	따라 쓰기 · 어휘 뜻풀이
31	單	單 單 單 單 單
	홑/홀로 단	❶ 단가(單價) : 물건 한 단위의 가격 ❷ 단순(單純) : 복잡하지 않고 간단함
32	端	端 端 端 端 端
	끝 단	❶ 단오(端午) : 우리나라 명절의 하나. (음력 5월 5일) ❷ 발단(發端) : 어떤 일이 처음으로 벌어짐
33	檀	檀 檀 檀 檀 檀
	박달나무 단	❶ 단군(檀君) : 우리 민족의 시조로 받드는 태초의 임금 ❷ 단기(檀紀) : 단군이 즉위한 해인 서력(西曆) 기원전 2333년을 원년으로 하는 기원
34	斷	斷 斷 斷 斷 斷
	끊을 단:	❶ 결단(決斷) : 결정적인 판단을 하거나 단정을 내림 ❷ 중단(中斷) : 중도에서 끊어지거나 끊음
35	達	達 達 達 達 達
	통달할/이를 달	❶ 달성(達成) : 목적한 것을 이룸 ❷ 전달(傳達) : 전하여 이르게 함

번호	획순 · 훈(뜻) 음(소리)	따라 쓰기 · 어휘 뜻풀이
36	擔	
	멜 담	❶ 부담(負擔) : 어떤 일이나 의무 · 책임을 떠맡음 ❷ 담보(擔保) : 맡아서 보증함
37	黨	
	무리 당	❶ 당원(黨員) : 정당에 가입하여 구성원이 된 사람 ❷ 당쟁(黨爭) : 당파를 이루어 서로 싸움
38	帶	
	띠 대(:)	❶ 지대(地帶) : 자연적, 또는 인위적으로 한정된 일정 구역 ❷ 온대(溫帶) : 열대와 한대 사이의 지역
39	隊	
	무리/떼 대	❶ 군대(軍隊) : 일정한 규율과 질서를 가지고 조직된 군인의 집단 ❷ 입대(入隊) : 군대에 들어가 군인이 됨
40	導	
	인도할/이끌 도:	❶ 도입(導入) : 기술, 방법, 물자 따위를 끌어들임 ❷ 주도(主導) : 주장이 되어 이끎

번호	획순 · 훈(뜻) 음(소리)	따라 쓰기 · 어휘 뜻풀이
41	毒	毒 毒 毒 毒 毒
	독 독	❶ 소독(消毒) : 병의 감염이나 전염을 예방하기 위하여 병원균을 죽이는 일 ❷ 해독(解毒) : 독을 푸는 일
42	督	督 督 督 督 督
	감독할/살필 독	❶ 감독(監督) : 잘못되지 않도록 살피어 단속함 ❷ 총독(總督) : 어떤 관할 구역 안의 모든 행정을 통할하는 직책
43	銅	銅 銅 銅 銅 銅
	구리 동	❶ 동경(銅鏡) : 구리로 만든 거울 ❷ 청동기(青銅器) : 청동으로 만든 그릇이나 기구
44	斗	斗 斗 斗 斗 斗
	말 두	❶ 두량(斗量) : 되나 말로 곡식을 되어서 셈 ❷ 두주불사(斗酒不辭) : 말술도 사양하지 않는다는 뜻으로, 술을 매우 잘 마심을 이르는 말
45	豆	豆 豆 豆 豆 豆
	콩 두	❶ 두유(豆乳) : 콩기름. 콩에서 짜낸 기름 ❷ 녹두(綠豆) : 밭에 심는 콩과에 딸린 한해살이풀

번호	획순 · 훈(뜻) 음(소리)	따라 쓰기 · 어휘 뜻풀이
46	得	
	얻을 득	❶ 이득(利得) : 이익을 얻음 ❷ 설득(說得) : 상대편이 이쪽 편의 이야기를 따르도록 여러 가지로 깨우쳐 말함
47	燈	
	등/등잔 등	❶ 소등(消燈) : 등불을 끔 ❷ 등화가친(燈火可親) : 등불을 가까이할 만하다는 뜻으로, 서늘한 가을밤은 등불을 가까이하여 글 읽기에 좋다는 뜻
48	羅	
	벌릴/새그물 라(나)	❶ 나열(羅列) : 죽 벌여 놓음 ❷ 신라(新羅) : 우리나라 삼국 시대의 한 나라. (기원전 57년 박혁거세가 세운 나라)
49	兩	
	두 량(양):	❶ 양친(兩親) : 아버지와 어머니 ❷ 양면(兩面) : 사물의 두 면. 또는 겉과 안
50	麗	
	고울 려(여)	❶ 화려(華麗) : 빛나고 아름다움 ❷ 미사여구(美辭麗句) : 아름다운 말로 듣기 좋게 꾸민 글귀

번호	획순 · 훈(뜻) 음(소리)	따라 쓰기 · 어휘 뜻풀이
51	連	連 連 連 連 連
	이을 련(연)	❶ 연결(連結) : 서로 이어 맺음 ❷ 연휴(連休) : 휴일이 이틀 이상 계속되는 일
52	列	列 列 列 列 列
	벌릴 렬(열)	❶ 배열(配列) : 일정한 차례나 간격에 따라 벌여 놓음 ❷ 열거(列擧) : 여러 가지 예나 사실을 낱낱이 죽 늘어놓음
53	錄	錄 錄 錄 錄 錄
	기록할 록(녹)	❶ 등록(登錄) : 문서에 올림 ❷ 수록(收錄) : 모아서 기록함
54	論	論 論 論 論 論
	논할 론(논)	❶ 반론(反論) : 남의 논설이나 비난, 논평 따위에 대하여 반박함 ❷ 논쟁(論爭) : 말이나 글로 논하여 다툼
55	留	留 留 留 留 留
	머무를 류(유)	❶ 보류(保留) : 어떤 일을 처리하지 않고 미루어 둠 ❷ 유학(留學) : 외국에 머물면서 공부함

번호	획순 · 훈(뜻) 음(소리)	따라 쓰기 · 어휘 뜻풀이
56	律	
	법칙/법 률(율)	❶ 자율(自律) : 자기 스스로의 원칙에 따라 어떤 일을 하는 일 ❷ 법률(法律) : 국민이 지켜야 할 나라의 규율
57	滿	
	찰/가득 찰 만(:)	❶ 만족(滿足) : 모자람이 없이 충분하고 넉넉함 ❷ 충만(充滿) : 한껏 차서 가득함
58	脈	
	줄기/맥 맥	❶ 명맥(命脈) : 맥(脈)이나 목숨이 유지되는 근본 ❷ 문맥(文脈) : 글월에 표현된 의미의 앞뒤 연결
59	毛	
	터럭/털 모	❶ 모포(毛布) : 털 따위로 짜서 깔거나 덮을 수 있도록 만든 요 ❷ 불모지(不毛地) : 어떠한 사물이나 현상이 발달되어 있지 않은 곳
60	牧	
	칠(養) 목	❶ 목장(牧場) : 일정한 시설을 갖추어 소나 말, 양 따위를 놓아 기르는 곳 ❷ 방목(放牧) : 가축을 놓아기르는 일

번호	획순 · 훈(뜻) 음(소리)	따라 쓰기 · 어휘 뜻풀이
61	武	武 武 武 武 武
	호반/굳셀/무기 무:	❶ 무기(武器) : 전쟁이나 싸움에 사용되는 기구 ❷ 무용담(武勇談) : 싸움에서 용감하게 활약하여 공을 세운 이야기
62	務	務 務 務 務 務
	힘쓸/일 무:	❶ 업무(業務) : 직장 같은 곳에서 맡아서 하는 일 ❷ 용무(用務) : 해야 할 일. 볼일
63	未	未 未 未 未 未
	아닐 미(:)	❶ 미달(未達) : 어떤 한도에 이르거나 미치지 못함 ❷ 미래(未來) : 앞으로 올 때
64	味	味 味 味 味 味
	맛 미:	❶ 의미(意味) : 말이나 글의 뜻 ❷ 흥미(興味) : 흥을 느끼는 재미
65	密	密 密 密 密 密
	빽빽할 밀	❶ 밀도(密度) : 빽빽이 들어선 정도 ❷ 정밀(精密) : 아주 정교하고 치밀하여 빈틈이 없고 자세함

번호	획순 · 훈(뜻) 음(소리)	따라 쓰기 · 어휘 뜻풀이
66	博	
	넓을 박	❶ 박식(博識) : 지식이 넓고 아는 것이 많음 ❷ 박애(博愛) : 모든 사람을 평등하게 사랑함
67	防	
	막을 방	❶ 방지(防止) : 어떤 일이나 현상이 일어나지 못하게 막음 ❷ 방범(防犯) : 범죄가 생기지 않도록 미리 막음
68	房	
	방 방	❶ 책방(冊房) : 책을 갖추어 놓고 팔거나 사는 가게. 서점 ❷ 문방사우(文房四友) : 종이, 붓, 먹, 벼루의 네 가지 문방구
69	訪	
	찾을 방:	❶ 방문(訪問) : 어떤 사람이나 장소를 찾아가서 만나거나 봄 ❷ 탐방(探訪) : 탐문하여 찾아 봄
70	背	
	등/뒤 배:	❶ 배경(背景) : 뒤쪽의 경치 ❷ 배수진(背水陣) : 강이나 바다를 등지고 치는 진(陣)

번호	획순 · 훈(뜻) 음(소리)	따라 쓰기 · 어휘 뜻풀이
71	拜	拜 拜 拜 拜 拜
	절 배:	❶ 예배(禮拜) : 신이나 부처와 같은 초월적 존재 앞에 경배하는 의식 ❷ 숭배(崇拜) : 우러러 공경함
72	配	配 配 配 配 配
	나눌/짝 배:	❶ 배달(配達) : 물건을 가져다가 날라줌 ❷ 배려(配慮) : 도와주거나 보살펴 주려고 마음을 씀
73	伐	伐 伐 伐 伐 伐
	칠(討) 벌	❶ 벌목(伐木) : 나무를 벰 ❷ 북벌(北伐) : 무력으로 북쪽 지방을 치는 일
74	罰	罰 罰 罰 罰 罰
	벌할/벌줄 벌	❶ 벌금(罰金) : 규약을 위반했을 때에 벌로 내게 하는 돈 ❷ 처벌(處罰) : 형벌에 처함
75	壁	壁 壁 壁 壁 壁
	벽/담 벽	❶ 벽보(壁報) : 벽이나 게시판에 붙여 널리 알리는 글 ❷ 벽화(壁畫) : 건물이나 동굴, 무덤 따위의 벽에 그린 그림

번호	획순 · 훈(뜻) 음(소리)	따라 쓰기 · 어휘 뜻풀이
76	邊	
	가/결 **변**	❶ 주변(周邊) : 주위의 가장자리 ❷ 신변(身邊) : 몸과 몸의 주위 ❸ 해변(海邊) : 바닷물과 땅이 서로 닿은 곳이나 그 근처
77	步	
	걸음/행위 **보:**	❶ 도보(徒步) : 탈것을 타지 않고 걸어감 ❷ 초보(初步) : 보행의 첫걸음이나 학문 · 기술 등의 첫걸음
78	保	
	지킬/보호할 **보(:)**	❶ 보존(保存) : 잘 보호하고 간수하여 남김 ❷ 보온(保溫) : 일정한 온도를 유지함
79	報	
	갚을/알릴 **보:**	❶ 보고(報告) : 일에 관한 내용이나 결과를 말이나 글로 알림 ❷ 통보(通報) : 통지하여 보고함
80	寶	
	보배 **보:**	❶ 국보(國寶) : 나라에서 지정하여 법률로 보호하는 문화재 ❷ 보물(寶物) : 썩 드물고 귀한 가치가 있는 보배로운 물건

번호	획순 · 훈(뜻) 음(소리)	따라 쓰기 · 어휘 뜻풀이
81	復	復 復 復 復 復
	회복할/다시 복/부:	❶ 복구(復舊) : 손실 이전의 상태로 회복함 ❷ 부활(復活) : 죽었다가 다시 살아남
82	府	府 府 府 府 府
	마을/관청 **부:**	❶ 정부(政府) : 국가를 다스리는 기관 ❷ 의정부(議政府) : 조선 시대에 둔, 행정부의 최고 기관
83	婦	婦 婦 婦 婦 婦
	며느리/지어미/부인 **부**	❶ 부부(夫婦) : 남편과 아내 ❷ 신부(新婦) : 갓 결혼하였거나 결혼하는 여자
84	副	副 副 副 副 副
	버금/다음 **부:**	❶ 부업(副業) : 본업 외에 여가를 이용하여 갖는 직업 ❷ 부상(副賞) : 본상에 딸린 상금이나 상품
85	富	富 富 富 富 富
	부자/부유할 **부:**	❶ 풍부(豊富) : 넉넉하고 많음 ❷ 빈부(貧富) : 가난함과 부유함

번호	획순 · 훈(뜻) 음(소리)	따라 쓰기 · 어휘 뜻풀이
86	佛	
	부처 불	❶ 불교(佛敎) : 기원전 6세기경 인도의 석가모니가 창시한 후 동양 여러 나라에 전파된 종교 ❷ 공염불(空念佛) : 실천이나 내용이 따르지 않는 주장이나 말
87	非	
	아닐 비(:)	❶ 비난(非難) : 남의 잘못이나 결점을 책잡아서 나쁘게 말함 ❷ 비일비재(非一非再) : 같은 현상이나 일이 한두 번이나 한둘이 아니고 많음
88	悲	
	슬플 비:	❶ 희비(喜悲) : 기쁨과 슬픔 ❷ 비통(悲痛) : 몹시 슬퍼서 마음이 아픔
89	飛	
	날 비	❶ 웅비(雄飛) : 기운차고 용기 있게 활동함 ❷ 비상(飛上) : 높이 날아오름
90	備	
	갖출 비:	❶ 준비(準備) : 미리 마련하여 갖춤 ❷ 비고(備考) : 참고하기 위하여 준비하여 놓음

번호	획순 · 훈(뜻) 음(소리)	따라 쓰기 · 어휘 뜻풀이
91	貧	貧 貧 貧 貧 貧
	가난할 빈	❶ 청빈(淸貧) : 성품이 깨끗하고 재물에 대한 욕심이 없어 가난함 ❷ 빈곤(貧困) : 가난하여 살기가 어려움
92	寺	寺 寺 寺 寺 寺
	절 사	❶ 사원(寺院) : 절이나 암자 ❷ 불국사(佛國寺) : 경상북도 경주시 진현동의 토함산 기슭에 있는 절
93	舍	舍 舍 舍 舍 舍
	집 사	❶ 청사(廳舍) : 관청의 사무실로 쓰는 건물 ❷ 기숙사(寄宿舍) : 학생이나 사원에게 싼값으로 숙식을 제공하는 시설
94	師	師 師 師 師 師
	스승 사	❶ 은사(恩師) : 가르침을 받은 은혜로운 스승 ❷ 사제(師弟) : 스승과 제자
95	謝	謝 謝 謝 謝 謝
	사례할 사:	❶ 감사(感謝) : 고마움을 나타내는 인사 ❷ 사과(謝過) : 자기의 잘못을 인정하고 용서를 빎

번호	획순 · 훈(뜻) 음(소리)	따라 쓰기 · 어휘 뜻풀이
96	殺	
	죽일/감할 살/쇄:	❶ 자살(自殺) : 스스로 자기의 목숨을 끊음 ❷ 쇄도(殺到) : 전화, 주문 따위가 한꺼번에 세차게 몰려듦
97	床	
	상(牀)/평상 상	❶ 기상(起床) : 잠자리에서 일어남 ❷ 책상(冊床) : 책을 읽거나 글씨를 쓰는 데 받치고 쓰는 상
98	狀	
	형상/문서 상/장:	❶ 상황(狀況) : 일이 되어 가는 과정이나 형편 ❷ 답장(答狀) : 회답하는 편지를 보냄
99	想	
	생각 상:	❶ 예상(豫想) : 어떤 일을 직접 당하기 전에 미리 생각하여 둠 ❷ 발상(發想) : 어떤 생각을 해 냄
100	常	
	떳떳할/항상 상	❶ 상식(常識) : 사람들이 보통 알고 있거나 알아야 하는 지식 ❷ 비상(非常) : 뜻밖의 긴급한 사태

번호	획순 · 훈(뜻) 음(소리)	따라 쓰기 · 어휘 뜻풀이
101	設	設 設 設 設 設
	베풀 설	❶ 설득(說得) : 상대편이 이쪽 편의 이야기를 따르도록 여러 가지로 깨우쳐 말함 ❷ 증설(增設) : 더 늘려 설치함
102	城	城 城 城 城 城
	재/성 성	❶ 토성(土城) : 흙으로 쌓아 올린 성루 ❷ 불야성(不夜城) : 등불이 밤에도 대낮같이 밝은 곳
103	盛	盛 盛 盛 盛 盛
	성할 성:	❶ 풍성(豊盛) : 넉넉하고 많음 ❷ 성업(盛業) : 사업이 잘됨
104	誠	誠 誠 誠 誠 誠
	정성 성	❶ 성실(誠實) : 정성스럽고 참됨 ❷ 열성(熱誠) : 열렬한 정성
105	星	星 星 星 星 星
	별 성	❶ 위성(衛星) : 행성의 인력에 의하여 그 둘레를 도는 천체 ❷ 점성술(占星術) : 별의 빛이나 위치, 운행 따위를 보고 개인과 국가의 길흉을 점치는 점술

번호	획순 · 훈(뜻) 음(소리)	따라 쓰기 · 어휘 뜻풀이
106	聖	
	성인(聖人) 성:	❶ 성인(聖人) : 지혜와 덕이 매우 뛰어나 길이 우러러 본받을 만한 사람 ❷ 성은(聖恩) : 임금의 큰 은혜
107	聲	
	소리 성	❶ 원성(怨聲) : 원망하는 소리 ❷ 탄성(歎聲) : 몹시 한탄하거나 탄식하는 소리
108	細	
	가늘 세:	❶ 세밀(細密) : 자세하고 빈틈없이 꼼꼼함 ❷ 명세서(明細書) : 분명하고 자세하게 적은 문서
109	稅	
	세금 세:	❶ 세금(稅金) : 조세로 바치는 돈 ❷ 납세(納稅) : 세금을 냄
110	勢	
	형세/기세 세:	❶ 세력(勢力) : 권력이나 기세의 힘 ❷ 허세(虛勢) : 실속이 없이 겉으로만 드러나 보이는 기세

번호	획순 · 훈(뜻) 음(소리)	따라 쓰기 · 어휘 뜻풀이
111	素	素 素 素 素 素
	본디/흴 소(:)	❶ 평소(平素) : 평상시 ❷ 검소(儉素) : 사치하지 않고 꾸밈없이 수수함
112	笑	笑 笑 笑 笑 笑
	웃을 소:	❶ 실소(失笑) : 자기도 모르게 웃음이 툭 터져 나옴 ❷ 담소(談笑) : 웃고 즐기면서 이야기함
113	掃	掃 掃 掃 掃 掃
	쓸(掃除) 소(:)	❶ 일소(一掃) : 모조리 쓸어버림 ❷ 청소(淸掃) : 더럽거나 어지러운 것을 쓸고 닦아서 깨끗하게 함
114	俗	俗 俗 俗 俗 俗
	풍속 속	❶ 속담(俗談) : 예로부터 민간에 전하여 오는 쉬운 격언이나 잠언 ❷ 미풍양속(美風良俗) : 아름답고 좋은 풍속
115	續	續 續 續 續 續
	이을 속	❶ 계속(繼續) : 끊어지지 않고 뒤를 이어 나감 ❷ 지속(持續) : 어떤 상태가 오래 계속됨

번호	획순 · 훈(뜻) 음(소리)	따라 쓰기 · 어휘 뜻풀이
116	送	
	보낼 송:	❶ 운송(運送) : 사람을 태워 보내거나 물건 따위를 실어 보냄 ❷ 송구영신(送舊迎新) : 묵은 해를 보내고 새해를 맞음
117	守	
	지킬 수	❶ 엄수(嚴守) : 엄하게 지킴 ❷ 수비(守備) : 외부의 침략이나 공격을 막아 지킴
118	收	
	거둘 수	❶ 수집(收集) : 거두어 모음 ❷ 영수증(領收證) : 돈이나 물품 따위를 받은 사실을 표시하는 증서
119	受	
	받을 수(:)	❶ 접수(接受) : 신청이나 신고 따위를 구두나 문서로 받음 ❷ 수익(受益) : 이익을 얻음
120	授	
	줄 수	❶ 수업(授業) : 학업이나 기술을 가르쳐 줌 ❷ 수상(授賞) : 상을 줌

번호	획순 · 훈(뜻) 음(소리)	따라 쓰기 · 어휘 뜻풀이
121	修	修 修 修 修 修
	닦을 수	❶ 수교(修交) : 나라와 나라 사이에 교제를 맺음 ❷ 수정(修訂) : 잘못된 점을 바로잡아서 고침
122	純	純 純 純 純 純
	순수할 순	❶ 순수(純粹) : 사사로운 욕심이나 못된 생각이 없음 ❷ 청순(淸純) : 맑고 순수함
123	承	承 承 承 承 承
	이을/받을 승	❶ 승인(承認) : 어떤 사실을 마땅하다고 받아들임 ❷ 승복(承服) : 납득하여 따름
124	視	視 視 視 視 視
	볼 시:	❶ 시선(視線) : 눈이 가는 방향 ❷ 감시(監視) : 단속하기 위하여 주의 깊게 살핌
125	是	是 是 是 是 是
	이(斯)/옳을 시:	❶ 시인(是認) : 옳다고 인정함 ❷ 혹시(或是) : 그러할 리는 없지만 만일에

번호	획순 · 훈(뜻) 음(소리)	따라 쓰기 · 어휘 뜻풀이
126	施	
	베풀/실시할 시:	❶ 실시(實施) : 실제로 시행함 ❷ 시공(施工) : 공사를 시행함 ❸ 시상(施賞) : 상(賞)을 주는 일
127	詩	
	시/글 시	❶ 동시(童詩) : 어린이를 위한 시 ❷ 한시(漢詩) : 한문으로 지은 시
128	試	
	시험/시험할 시(:)	❶ 응시(應試) : 시험에 응함 ❷ 입시(入試) : 입학시험
129	息	
	쉴/숨 쉴/자식 식	❶ 휴식(休息) : 하던 일을 멈추고 잠깐 쉼 ❷ 자식(子息) : 아들과 딸. 또는 남을 욕할 때 일컫는 말
130	申	
	납(猿)/거듭/아뢸 신	❶ 신고(申告) : 국민이 법령의 규정에 따라 행정 관청에 일정한 사실을 진술 · 보고함 ❷ 신청(申請) : 신고하여 청구함

번호	획순 · 훈(뜻) 음(소리)	따라 쓰기 · 어휘 뜻풀이
131	深	深 深 深 深 深
	깊을 심	❶ 심각(深刻) : 상태나 정도가 매우 깊고 중대함 ❷ 수심(水深) : 물의 깊이
132	眼	眼 眼 眼 眼 眼
	눈 안:	❶ 안목(眼目) : 사물을 분별하는 견식 ❷ 혈안(血眼) : 기를 쓰고 달려들어 독이 오른 눈
133	暗	暗 暗 暗 暗 暗
	어두울 암:	❶ 암기(暗記) : 머릿속에 그대로 외어서 잊지 아니함 ❷ 명암(明暗) : 밝음과 어두움
134	壓	壓 壓 壓 壓 壓
	누를 압	❶ 강압(強壓) : 강한 힘이나 권력으로 강제로 억누름 ❷ 압축(壓縮) : 압력을 가하여 그 부피를 줄임
135	液	液 液 液 液 液
	진/즙(汁) 액	❶ 액체(液體) : 일정한 부피는 가졌으나 일정한 형태를 가지지 못한 물질 ❷ 액화(液化) : 기체가 냉각 · 압축되어 액체로 변하는 현상

번호	획순 · 훈(뜻) 음(소리)	따라 쓰기 · 어휘 뜻풀이
136	羊	
	양 양	❶ 양모(羊毛) : 양의 털 ❷ 구절양장(九折羊腸) : 아홉 번 꼬부라진 양의 창자라는 뜻으로, 꼬불꼬불하며 험한 산길을 이르는 말
137	如	
	같을 여	❶ 여전(如前) : 변함이 없이 전(前)과 같음 ❷ 결여(缺如) : 있어야 할 것이 없거나 모자람
138	餘	
	남을 여	❶ 여가(餘暇) : 일이 없어 남는 시간 ❷ 여유(餘裕) : 넉넉하여 남음이 있는 상태
139	逆	
	거스를 역	❶ 거역(拒逆) : 윗사람의 명령이나 뜻을 어김 ❷ 역순(逆順) : 거꾸로 된 순서
140	硏	
	갈/연구할 연:	❶ 연구(硏究) : 조사하고 생각하여 진리를 알아 냄 ❷ 연수(硏修) : 학문 따위를 연구하고 닦음

번호	획순 · 훈(뜻) 음(소리)	따라 쓰기 · 어휘 뜻풀이
141	煙	煙 煙 煙 煙 煙
	연기 연	❶ 금연(禁煙) : 담배를 피우는 것을 금함 ❷ 애연가(愛煙家) : 담배를 즐겨 피우는 사람
142	演	演 演 演 演 演
	펼/넓힐 연:	❶ 연기(演技) : 배우가 배역의 인물, 성격, 행동 따위를 표현해 내는 일 ❷ 강연(講演) : 일정한 주제에 대하여 청중 앞에서 강의 형식으로 말함
143	榮	榮 榮 榮 榮 榮
	영화/꽃 영	❶ 영광(榮光) : 빛나고 아름다운 영예 ❷ 허영(虛榮) : 필요 이상의 겉치레
144	藝	藝 藝 藝 藝 藝
	재주 예:	❶ 예능(藝能) : 재주와 기능 ❷ 공예(工藝) : 물건을 만드는 기술에 관한 재주
145	誤	誤 誤 誤 誤 誤
	그르칠 오:	❶ 오해(誤解) : 그릇되게 해석하거나 뜻을 잘못 앎 ❷ 오차(誤差) : 참값과 근삿값과의 차이

번호	획순 · 훈(뜻) 음(소리)	따라 쓰기 · 어휘 뜻풀이
146	玉	
	구슬 **옥**	❶ 옥석(玉石) : 옥과 돌, 좋은 것과 나쁜 것 ❷ 옥좌(玉座) : 임금이 앉는 자리
147	往	
	갈 **왕:**	❶ 왕복(往復) : 갔다가 돌아옴 ❷ 설왕설래(說往說來) : 서로 변론을 주고받으며 옥신각신함
148	謠	
	노래 **요**	❶ 가요(歌謠) : 널리 대중이 즐겨 부르는 노래 ❷ 민요(民謠) : 예로부터 민중 사이에 불려 오던 전통적인 노래
149	容	
	얼굴/담을/ 받아들일 **용**	❶ 허용(許容) : 허락하여 너그럽게 받아들임 ❷ 내용(內容) : 사물의 속내나 실속
150	員	
	인원/관원 **원**	❶ 인원(人員) : 사람의 수효 ❷ 감원(減員) : 사람 수를 줄임

번호	획순 · 훈(뜻) 음(소리)	따라 쓰기 · 어휘 뜻풀이
151	圓	圓 圓 圓 圓 圓
	둥글 **원**	❶ 원만(圓滿) : 성격이 모난 데가 없이 부드럽고 너그러움 ❷ 원탁(圓卓) : 둥근 탁자
152	衛	衛 衛 衛 衛 衛
	지킬 **위**	❶ 방위(防衛) : 적의 공격이나 침략을 막아서 지킴 ❷ 위생(衛生) : 건강에 유익하도록 조건을 갖추거나 대책을 세우는 일
153	爲	爲 爲 爲 爲 爲
	하/할/될 **위**(:)	❶ 행위(行爲) : 사람이 행하는 짓 ❷ 영위(營爲) : 일을 꾸려 나감
154	肉	肉 肉 肉 肉 肉
	고기/혈연 **육**	❶ 혈육(血肉) : 부모, 자식, 형제 따위의 한 혈통으로 맺어진 육친 ❷ 골육상잔(骨肉相殘) : 가까운 혈족끼리 서로 해치고 죽임
155	恩	恩 恩 恩 恩 恩
	은혜 **은**	❶ 은혜(恩惠) : 고맙게 베풀어 주는 신세나 혜택 ❷ 결초보은(結草報恩) : 죽은 뒤에라도 은혜를 잊지 않고 갚음을 이르는 말

번호	획순 · 훈(뜻) 음(소리)	따라 쓰기 · 어휘 뜻풀이
156	陰	
	그늘/응달 음	❶ 음흉(陰凶) : 겉으로는 부드러워 보이나 속으로는 엉큼하고 흉악함 ❷ 음지(陰地) : 응달, 그늘진 곳
157	應	
	응할 응:	❶ 적응(適應) : 일정한 조건이나 환경 따위에 맞추어 응하거나 알맞게 됨 ❷ 응답(應答) : 부름이나 물음에 응하여 답함
158	義	
	옳을/의로울 의:	❶ 의무(義務) : 일정한 사람에게 부과되어 반드시 실행해야 하는 일 ❷ 주의(主義) : 굳게 지키는 주장이나 방침
159	議	
	의논할 의(:)	❶ 동의(同議) : 의견이나 주의가 같은 의논 ❷ 발의(發議) : 의논할 거리를 내놓음
160	移	
	옮길 이	❶ 이전(移轉) : 장소나 주소 따위를 다른 데로 옮김 ❷ 이동(移動) : 움직여 옮김

번호	획순 · 훈(뜻) 음(소리)	따라 쓰기 · 어휘 뜻풀이
161	益	益 益 益 益 益
	더할 익	❶ 이익(利益) : 물질적으로나 정신적으로 보탬이 되는 것 ❷ 다다익선(多多益善) : 많으면 많을수록 더욱 좋다는 말
162	引	引 引 引 引 引
	끌 인	❶ 인상(引上) : 물건 값, 봉급, 요금 등을 올림 ❷ 인도(引導) : 이끌어 지도하거나, 길이나 장소를 안내함
163	印	印 印 印 印 印
	도장 인	❶ 인상(印象) : 어떤 대상에 대하여 마음속에 새겨지는 느낌 ❷ 직인(職印) : 직무상 쓰는 도장
164	認	認 認 認 認 認
	알(知)/인정할 인	❶ 승인(承認) : 어떤 사실을 인정하는 행위 ❷ 부인(否認) : 어떤 사실이 있음을 인정하지 아니함
165	障	障 障 障 障 障
	막을/가로막힐 장	❶ 보장(保障) : 일이 잘 되도록 보호하거나 뒷받침함 ❷ 고장(故障) : 기계나 설비 따위의 기능에 이상이 생기는 일

번호	획순 · 훈(뜻) 음(소리)	따라 쓰기 · 어휘 뜻풀이
166	將	
	장수/장차 장(:)	❶ 장래(將來) : 다가올 앞날 ❷ 일취월장(日就月將) : 나날이 다달이 자라거나 발전함
167	低	
	낮을 저:	❶ 최저(最低) : 가장 낮음 ❷ 저온(低溫) : 낮은 온도
168	敵	
	대적할 적	❶ 무적(無敵) : 매우 강하여 겨룰 만한 맞수가 없음 ❷ 적진(敵陣) : 적이 모여 있는 진지나 진영
169	田	
	밭 전	❶ 전답(田畓) : 논과 밭 ❷ 화전민(火田民) : 화전을 일구어 농사를 짓는 사람
170	絶	
	끊을 절	❶ 절망(絶望) : 바라볼 것이 없게 되어 모든 희망을 끊어 버림 ❷ 사절(謝絶) : 요구나 제의를 받아들이지 않고 사양하여 물리침

번호	획순 · 훈(뜻) 음(소리)	따라 쓰기 · 어휘 뜻풀이
171	接	接 接 接 接 接
	이을/사귈 **접**	❶ 면접(面接) : 서로 대면하여 만나 봄 ❷ 접근(接近) : 가까이 다가감
172	政	政 政 政 政 政
	정사(政事)/다스릴 **정**	❶ 정치(政治) : 나라를 다스리는 일 ❷ 재정(財政) : 개인, 가계, 기업 따위의 경제 상태
173	程	程 程 程 程 程
	한도/길(道)/정도 **정**	❶ 일정(日程) : 그날에 할 일 ❷ 과정(過程) : 일이 되어 가는 경로
174	精	精 精 精 精 精
	정할/깨끗할 **정**	❶ 정신(精神) : 마음이나 생각 ❷ 정성(精誠) : 참되고 성실한 마음
175	制	制 制 制 制 制
	절제할/억제할/법도 **제:**	❶ 제도(制度) : 관습이나 도덕, 법률 따위의 규범이나 사회 ❷ 자제(自制) : 자기의 감정이나 욕망을 스스로 억제함

번호	획순 · 훈(뜻) 음(소리)	따라 쓰기 · 어휘 뜻풀이
176	製	
	지을 제:	❶ 제작(製作) : 재료를 가지고 물건을 만듦 ❷ 수제품(手製品) : 손으로 만든 물건
177	除	
	덜/나눌 제	❶ 제거(除去) : 없애 버림 ❷ 제외(除外) : 범위 밖에 두어 빼어 놓음
178	祭	
	제사 제:	❶ 축제(祝祭) : 축하하여 벌이는 큰 규모의 행사 ❷ 제물(祭物) : 제사에 쓰는 음식물
179	際	
	즈음/가(邊)/사귈 제	❶ 교제(交際) : 서로 사귐 ❷ 실제(實際) : 사실의 경우나 형편
180	提	
	끌 제	❶ 제안(提案) : 안이나 의견으로 내놓음 ❷ 전제(前提) : 어떠한 사물이나 현상을 이루기 위하여 먼저 내세우는 것

번호	획순 · 훈(뜻) 음(소리)	따라 쓰기 · 어휘 뜻풀이
181	濟	濟 濟 濟 濟 濟
	건널/구제 제:	❶ 경제(經濟) : 인간의 생활에 필요한 재화나 용역을 생산 · 분배 · 소비하는 모든 활동 ❷ 구제(救濟) : 어려운 지경에 빠진 사람을 구하여 냄
182	早	早 早 早 早 早
	이를/일찍 조:	❶ 조기(早期) : 이른 시기 ❷ 조퇴(早退) : 정하여진 시간 이전에 물러남
183	助	助 助 助 助 助
	도울 조:	❶ 협조(協助) : 힘을 보태서 서로 도움 ❷ 내조(內助) : 아내가 남편을 도움
184	造	造 造 造 造 造
	지을 조:	❶ 조성(造成) : 무엇을 만들어서 이룸 ❷ 개조(改造) : 고쳐 만들거나 바꿈
185	鳥	鳥 鳥 鳥 鳥 鳥
	새 조	❶ 길조(吉鳥) : 관습적으로 좋은 일을 가져온다고 여기는 새 ❷ 일석이조(一石二鳥) : 한 가지 일을 해서 두 가지 이익을 얻음

번호	획순 · 훈(뜻) 음(소리)	따라 쓰기 · 어휘 뜻풀이
186	尊	
	높을/높일 존	❶ 존경(尊敬) : 남의 인격, 사상, 행위 따위를 받들어 공경함 ❷ 존중(尊重) : 높이어 귀중하게 대함
187	宗	
	마루/으뜸 종	❶ 개종(改宗) : 믿던 종교를 바꾸어 다른 종교를 믿음 ❷ 종주국(宗主國) : 종속국에 대하여 종주권을 갖는 국가
188	走	
	달릴 주	❶ 도주(逃走) : 피하거나 쫓기어 달아남 ❷ 주자(走者) : 달리는 사람
189	竹	
	대 죽	❶ 죽간(竹簡) : 중국에서 종이가 발명되기 전에 글자를 기록하던 대나무 조각 ❷ 죽마고우(竹馬故友) : 대말을 타고 놀던 벗이라는 뜻으로, 어릴 때부터 같이 놀며 자란 벗
190	準	
	준할/법도 준:	❶ 준비(準備) : 필요한 것을 미리 마련하여 갖춤 ❷ 기준(基準) : 사물의 기본이 되는 표준

번호	획순 · 훈(뜻) 음(소리)	따라 쓰기 · 어휘 뜻풀이
191	衆	衆 衆 衆 衆 衆
	무리 중:	❶ 대중(大衆) : 수가 많은 여러 사람 ❷ 관중(觀衆) : 구경하기 위하여 모인 사람들
192	增	增 增 增 增 增
	더할 증	❶ 증가(增加) : 양이나 수치가 늚 ❷ 급증(急增) : 갑작스럽게 늘어남
193	支	支 支 支 支 支
	지탱할/버틸 지	❶ 지급(支給) : 돈이나 물품 따위를 정하여진 몫만큼 내줌 ❷ 지원(支援) : 지지하여 도움
194	至	至 至 至 至 至
	이를 지	❶ 지대(至大) : 더할 수 없이 아주 큼 ❷ 지독(至毒) : 더할 나위 없이 독함
195	志	志 志 志 志 志
	뜻 지	❶ 의지(意志) : 어떠한 일을 이루고자 하는 마음 ❷ 지원(志願) : 뜻이 있어 지망함

번호	획순 · 훈(뜻) 음(소리)	따라 쓰기 · 어휘 뜻풀이
196	指	指 指 指 指 指
	가리킬/손가락 지	❶ 지도(指導) : 어떤 목적이나 방향으로 남을 가르쳐 이끎 ❷ 지정(指定) : 가리키어 확실하게 정함
197	職	職 職 職 職 職
	직분/직책 직	❶ 취직(就職) : 일정한 직업을 잡아 직장에 나감 ❷ 퇴직(退職) : 현직에서 물러남
198	眞	眞 眞 眞 眞 眞
	참/진실 진	❶ 진리(眞理) : 참된 이치나 도리 ❷ 사진(寫眞) : 실물의 모양을 있는 그대로 그려 냄
199	進	進 進 進 進 進
	나아갈 진:	❶ 추진(推進) : 밀고 나아감 ❷ 진로(進路) : 앞으로 나아갈 길
200	次	次 次 次 次 次
	버금/다음 차	❶ 목차(目次) : 목록이나 제목, 조항 따위의 차례 ❷ 장차(將次) : 앞으로. 차차

번호	획순 · 훈(뜻) 음(소리)	따라 쓰기 · 어휘 뜻풀이
201	察	察 察 察 察 察
	살필 찰	❶ 관찰(觀察) : 사물이나 현상을 주의하여 자세히 살펴봄 ❷ 경찰(警察) : 국가 사회의 공공질서와 안녕을 보장하고 국민의 안전과 재산을 보호하는 일
202	創	創 創 創 創 創
	비롯할/시작할 창:	❶ 창조(創造) : 처음으로 만듦 ❷ 창업(創業) : 사업을 시작함
203	處	處 處 處 處 處
	곳/처소/살 처:	❶ 처리(處理) : 일을 다스려 치러 감 ❷ 출처(出處) : 사물이나 말 따위가 생기거나 나온 근거
204	請	請 請 請 請 請
	청할 청	❶ 요청(要請) : 필요한 어떤 일이나 행동을 청함 ❷ 신청(申請) : 신고하여 청구함
205	銃	銃 銃 銃 銃 銃
	총 총	❶ 총기(銃器) : 소총, 권총 등의 병기 ❷ 총성(銃聲) : 총소리

번호	획순 · 훈(뜻) 음(소리)	따라 쓰기 · 어휘 뜻풀이
206	總	總 總 總 總 總
	다(皆)/합할/거느릴 총	❶ 총계(總計) : 수량 전체를 한데 통틀어서 계산함 ❷ 총력(總力) : 전체의 모든 힘
207	蓄	蓄 蓄 蓄 蓄 蓄
	모을/쌓을 축	❶ 저축(貯蓄) : 절약하여 모아 둠 ❷ 비축(備蓄) : 만약의 경우를 대비하여 미리 갖추어 모아 두거나 저축함
208	築	築 築 築 築 築
	쌓을/지을 축	❶ 건축(建築) : 집이나 성, 다리 따위의 구조물을 세워 지음 ❷ 구축(構築) : 어떤 시설물을 쌓아 올려 만듦
209	忠	忠 忠 忠 忠 忠
	충성 충	❶ 충고(忠告) : 남의 결함이나 잘못을 진심으로 타이름 ❷ 충효(忠孝) : 충성과 효도
210	蟲	蟲 蟲 蟲 蟲 蟲
	벌레 충	❶ 해충(害蟲) : 사람이나 농작물 따위에 해를 주는 벌레의 총칭 ❷ 기생충(寄生蟲) : 다른 동물체에 붙어서 양분을 빨아 먹고 사는 벌레

번호	획순 · 훈(뜻) 음(소리)	따라 쓰기 · 어휘 뜻풀이
211	取	取 取 取 取 取
	가질/취할 취:	❶ 취득(取得) : 자기 소유로 함 ❷ 취소(取消) : 발표한 의사를 거두어들이거나 예정된 일을 없애 버림
212	測	測 測 測 測 測
	헤아릴/잴 측	❶ 예측(豫測) : 앞으로 있을 일을 미리 추측함 ❷ 측정(測定) : 헤아려 정함
213	治	治 治 治 治 治
	다스릴 치	❶ 통치(統治) : 나라나 지역을 도맡아 다스림 ❷ 치안(治安) : 나라를 편안하게 다스림
214	置	置 置 置 置 置
	둘(措) 치:	❶ 배치(配置) : 사람이나 물자 따위를 일정한 자리에 나누어 둠 ❷ 위치(位置) : 일정한 곳에 자리를 차지함
215	齒	齒 齒 齒 齒 齒
	이 치	❶ 치통(齒痛) : 이가 쑤시거나 몹시 아픈 증상 ❷ 치약(齒藥) : 이를 닦는 데 쓰는 약

번호	획순 · 훈(뜻) 음(소리)	따라 쓰기 · 어휘 뜻풀이
216	侵	
	침노할 **침**	❶ 침략(侵略) : 남의 나라 땅을 침범하여 약탈함 ❷ 침해(侵害) : 불법적으로 남을 해침
217	快	
	쾌할/빠를 **쾌**	❶ 통쾌(痛快) : 아주 즐겁고 시원하여 유쾌함 ❷ 불쾌(不快) : 못마땅하여 기분이 좋지 아니함
218	態	
	모습/태도 **태:**	❶ 상태(狀態) : 사물, 현상이 놓여 있는 모양이나 형편 ❷ 태도(態度) : 몸의 동작이나 몸을 가누는 모양새
219	統	
	거느릴 **통:**	❶ 통계(統計) : 한데 몰아쳐서 셈함 ❷ 전통(傳統) : 계통을 받아 전함
220	退	
	물러날 **퇴:**	❶ 은퇴(隱退) : 직임에서 물러나거나 사회 활동에서 손을 떼고 한가히 지냄 ❷ 탈퇴(脫退) : 관계를 끊고 물러남

번호	획순 · 훈(뜻) 음(소리)	따라 쓰기 · 어휘 뜻풀이
221	波	波 波 波 波 波
	물결 파	❶ 파동(波動) : 사회적으로 어떤 현상이 퍼져 커다란 영향을 미침 ❷ 여파(餘波) : 어떤 일이 끝난 뒤에 남아 미치는 영향
222	破	破 破 破 破 破
	깨뜨릴 파:	❶ 파산(破產) : 재산을 모두 잃고 망함 ❷ 파손(破損) : 깨어져 못 쓰게 됨
223	布	布 布 布 布 布
	베/펼 포(:) 보시 보:	❶ 배포(配布) : 신문이나 책자 따위를 널리 나누어 줌 ❷ 포교(布敎) : 종교를 널리 폄 ❸ 선포(宣布) : 세상에 널리 알림
224	包	包 包 包 包 包
	쌀/감쌀 포(:)	❶ 포용(包容) : 남을 너그럽게 감싸 주거나 받아들임 ❷ 포위(包圍) : 도망가지 못하도록 둘러쌈
225	砲	砲 砲 砲 砲 砲
	대포 포:	❶ 발포(發砲) : 총이나 포를 쏨 ❷ 축포(祝砲) : 축하의 뜻으로 쏘는 공포

번호	획순 · 훈(뜻) 음(소리)	따라 쓰기 · 어휘 뜻풀이
226	暴	
	사나울 폭 모질 포:	❶ 폭로(暴露) : 알려지지 않았거나 감춰져 있던 사실을 드러냄 ❷ 포악(暴惡) : 사납고 악함
227	票	
	표/표제 표	❶ 투표(投票) : 선거를 하거나 가부를 결정할 때에 투표용지에 의사를 표시하여 일정한 곳에 내는 일 ❷ 우표(郵票) : 우편 요금을 낸 표시로 우편물에 붙이는 증표
228	豊	
	풍년/풍성할 풍	❶ 풍년(豊年) : 곡식이 잘 자라고 잘 여물어 평년보다 수확이 많은 해 ❷ 풍부(豊富) : 넉넉하고 많음
229	限	
	한할/한정 한:	❶ 기한(期限) : 미리 어느 때까지라고 정함 ❷ 제한(制限) : 일정한 한도를 정하거나 그 한도를 넘지 못하게 막음
230	航	
	배/건널 항:	❶ 취항(就航) : 배나 비행기가 항로에 오름 ❷ 운항(運航) : 배나 비행기가 정해진 항로나 목적지를 오고 감

번호	획순 · 훈(뜻) 음(소리)	따라 쓰기 · 어휘 뜻풀이
231	港	港 港 港 港 港
	항구 항:	❶ 출항(出港) : 배가 항구를 떠나감 ❷ 항구(港口) : 배가 안전하게 드나들도록 강가나 바닷가에 부두 따위를 설비한 곳
232	解	解 解 解 解 解
	풀 해:	❶ 해결(解決) : 제기된 문제를 해명하거나 얽힌 일을 잘 처리함 ❷ 오해(誤解) : 그릇되게 해석하거나 뜻을 잘못 앎
233	香	香 香 香 香 香
	향기 향	❶ 향기(香氣) : 꽃, 향, 향수 따위에서 나는 좋은 냄새 ❷ 향수(香水) : 향료를 섞어 만든 향기로운 냄새가 나는 물
234	鄕	鄕 鄕 鄕 鄕 鄕
	시골 향	❶ 고향(故鄕) : 자기가 태어나서 자란 곳 ❷ 타향(他鄕) : 자기 고향이 아닌 고장
235	虛	虛 虛 虛 虛 虛
	빌/없을 허	❶ 허위(虛僞) : 진실이 아닌 것을 진실인 것처럼 꾸민 것 ❷ 허비(虛費) : 헛되이 씀

번호	획순 · 훈(뜻) 음(소리)	따라 쓰기 · 어휘 뜻풀이
236	驗	
	시험/시험할 **험**:	❶ 경험(經驗) : 자신이 실제로 해 보거나 겪어 봄 ❷ 시험(試驗) : 재능이나 실력 따위를 일정한 절차에 따라 검사하고 평가하는 일
237	賢	
	어질 **현**	❶ 현명(賢明) : 어질고 슬기로워 사리에 밝음 ❷ 성현(聖賢) : 옛날의 어질고 사리에 밝은 사람
238	血	
	피 **혈**	❶ 혈관(血管) : 혈액을 체내의 각부로 보내는 관 ❷ 혈투(血鬪) : 죽음을 무릅쓰고 치열하게 싸움
239	協	
	화할/도울 **협**	❶ 협동(協同) : 서로 마음과 힘을 하나로 합함 ❷ 협약(協約) : 협상에 의하여 조약을 맺음
240	惠	
	은혜 **혜**:	❶ 은혜(恩惠) : 고맙게 베풀어 주는 신세나 혜택 ❷ 시혜(施惠) : 은혜를 베풂

번호	획순 · 훈(뜻) 음(소리)	따라 쓰기 · 어휘 뜻풀이
241	戶	戶 戶 戶 戶 戶
	집 호:	❶ 호구(戶口) : 호적상 집의 수효와 식구 수 ❷ 호주(戶主) : 한 집안의 주장이 되는 사람
242	呼	呼 呼 呼 呼 呼
	부를/숨내쉴 호	❶ 호칭(呼稱) : 이름을 지어 부름 ❷ 호출(呼出) : 전화나 전신 따위의 신호로 상대편을 부르는 일
243	好	好 好 好 好 好
	좋을 호:	❶ 호황(好況) : 경기가 좋음 ❷ 우호(友好) : 개인끼리나 나라끼리 서로 사이가 좋음
244	護	護 護 護 護 護
	도울/보호할 호:	❶ 보호(保護) : 잘 보살피고 지킴 ❷ 변호(辯護) : 남의 이익을 위해 변명하고 도와줌
245	貨	貨 貨 貨 貨 貨
	재물/재화 화:	❶ 통화(通貨) : 유통 수단이나 지불 수단으로서 기능하는 화폐 ❷ 화물(貨物) : 운반할 수 있는 유형의 재화나 물품

번호	획순 · 훈(뜻) 음(소리)	따라 쓰기 · 어휘 뜻풀이
246	確	
	굳을/확실할 **확**	❶ 정확(正確) : 바르고 확실함 ❷ 확고부동(確固不動) : 확고하여 흔들리거나 움직이지 아니함
247	回	
	돌아올 **회**	❶ 회복(回復) : 원래의 상태로 돌이키거나 원래의 상태를 되찾음 ❷ 회람(回覽) : 여러 사람이 차례로 돌려봄
248	吸	
	마실/숨 들이쉴 **흡**	❶ 흡수(吸收) : 빨아서 거두어들임 ❷ 호흡(呼吸) : 숨을 쉼
249	興	
	일(起)/흥할 **흥(:)**	❶ 흥미(興味) : 흥을 느끼는 재미 ❷ 부흥(復興) : 쇠퇴하였던 것이 다시 일어남
250	希	
	바랄 **희**	❶ 희망(希望) : 앞일에 대하여 기대를 가지고 바람 ❷ 희구(希求) : 바라고 구함

급수한자 4급(500字)
자격증 바로따기

4급 (250字)

번호	획순 · 훈(뜻) 음(소리)	따라 쓰기 · 어휘 뜻풀이
1	暇	暇 暇 暇 暇 暇
	겨를/틈/한가할 가:	❶ 병가(病暇) : 병으로 말미암아 얻는 휴가 ❷ 휴가(休暇) : 학교, 직장 따위에서 일정 기간 쉬는 일
2	刻	刻 刻 刻 刻 刻
	새길 각	❶ 각인(刻印) : 도장을 새김 ❷ 각고(刻苦) : 몹시 애씀. 대단히 힘들임
3	覺	覺 覺 覺 覺 覺
	깨달을 각	❶ 발각(發覺) : 숨기던 것이 드러남 ❷ 경각심(警覺心) : 정신을 차리고 주의 깊게 살피어 경계하는 마음
4	干	干 干 干 干 干
	방패/범할/막을 간	❶ 간섭(干涉) : 남의 일에 부당하게 참견함 ❷ 간조(干潮) : 바다에서 조수가 빠져나가 해수면이 가장 낮아진 상태
5	看	看 看 看 看 看
	볼 간	❶ 간호(看護) : 다쳤거나 앓고 있는 환자나 노약자를 보살피고 돌봄 ❷ 간주(看做) : 그러한 것으로 여김

번호	획순 · 훈(뜻) 음(소리)	따라 쓰기 · 어휘 뜻풀이
6	簡	
	대쪽/간략할/편지 간(:)	❶ 간편(簡便) : 간단하고 편리함 ❷ 간략(簡略) : 손쉽고 간단함 ❸ 죽간(竹簡) : 대나무 조각을 엮어서 만든 책
7	甘	
	달 감	❶ 감수(甘受) : 책망이나 괴로움 따위를 달갑게 받아들임 ❷ 감미(甘味) : 설탕, 꿀 따위의 당분이 있는 것에서 느끼는 맛
8	敢	
	감히/구태여 감:	❶ 용감(勇敢) : 씩씩하고 겁이 없으며 기운참 ❷ 과감(果敢) : 결단성 있고 용감하게 행동함
9	甲	
	갑옷/첫째 갑	❶ 갑부(甲富) : 첫째 가는 큰 부자 ❷ 동갑(同甲) : 나이가 같은 사람. 갑자(甲子)를 같이 한다는 뜻
10	降	
	내릴 강: 항복할 항	❶ 강등(降等) : 등급이나 계급 따위가 낮아짐 ❷ 항복(降伏) : 적이나 상대편의 힘에 눌리어 굴복함

번호	획순 · 훈(뜻) 음(소리)	따라 쓰기 · 어휘 뜻풀이
11	更	更 更 更 更 更
	고칠 경 다시 갱:	❶ 변경(變更) : 다르게 바꾸어 새롭게 고침 ❷ 갱신(更新) : 이미 있던 것을 고쳐 새롭게 함
12	巨	巨 巨 巨 巨 巨
	클 거:	❶ 거대(巨大) : 엄청나게 큼 ❷ 거금(巨金) : 많은 돈
13	拒	拒 拒 拒 拒 拒
	막을 거:	❶ 거부(拒否) : 승낙하지 않고 물리침 ❷ 항거(抗拒) : 순종하지 아니하고 맞서서 반항함
14	居	居 居 居 居 居
	살 거	❶ 거주(居住) : 일정한 곳에 머물러 삶 ❷ 동거(同居) : 한 집에 같이 거주함
15	據	據 據 據 據 據
	근거/의거할 거:	❶ 증거(證據) : 어떤 사실을 증명할 수 있는 근거 ❷ 점거(占據) : 어떤 장소를 차지하여 자리를 잡음

번호	획순 · 훈(뜻) 음(소리)	따라 쓰기 · 어휘 뜻풀이
16	傑	
	뛰어날 걸	❶ 걸작(傑作) : 매우 훌륭한 작품 ❷ 인걸(人傑) : 특히 뛰어난 인재
17	儉	
	검소할 검:	❶ 검소(儉素) : 사치하지 않고 수수함 ❷ 근검(勤儉) : 부지런하고 검소함
18	激	
	격할 격	❶ 감격(感激) : 마음에 깊이 느끼어 크게 감동 ❷ 격분(激憤) : 몹시 분하고 노여운 감정이 북받쳐 오름
19	擊	
	칠(打) 격	❶ 공격(攻擊) : 나아가 적을 침 ❷ 반격(反擊) : 쳐들어오는 적을 되받아 공격함
20	犬	
	개 견	❶ 애견(愛犬) : 사랑하는 개 ❷ 충견(忠犬) : 주인에게 충성스러운 개

번호	획순 · 훈(뜻) 음(소리)	따라 쓰기 · 어휘 뜻풀이
21	堅	堅 堅 堅 堅 堅
	굳을 견	❶ 견고(堅固) : 굳세고 단단함 ❷ 중견(中堅) : 어떤 단체나 사회에서 중심이 되는 사람
22	傾	傾 傾 傾 傾 傾
	기울 경	❶ 경청(傾聽) : 귀를 기울여 들음 ❷ 경사(傾斜) : 비스듬히 기울어짐
23	驚	驚 驚 驚 驚 驚
	놀랄 경	❶ 경이(驚異) : 놀랍고 신기하게 여김 ❷ 경탄(驚歎) : 몹시 놀라며 감탄함
24	鏡	鏡 鏡 鏡 鏡 鏡
	거울 경:	❶ 안경(眼鏡) : 눈을 보호하거나 시력을 돕기 위해 쓰는 기구 ❷ 파경(破鏡) : 부부의 금슬이 좋지 않아 이혼하게 되는 일
25	戒	戒 戒 戒 戒 戒
	경계할 계:	❶ 경계(警戒) : 뜻밖의 사고가 생기지 않도록 조심하여 단속함 ❷ 훈계(訓戒) : 타일러서 잘못이 없도록 주의를 줌

번호	획순 · 훈(뜻) 음(소리)	따라 쓰기 · 어휘 뜻풀이
26	系	
	이어맬/맬 계:	❶ 체계(體系) : 낱낱이 다른 것을 통일한 조직 ❷ 가계(家系) : 대대로 이어 내려온 한 집안의 계통
27	季	
	계절/끝 계:	❶ 계절(季節) : 한 해를 날씨에 따라 나눈 그 한 철 ❷ 사계(四季) : 봄, 여름, 가을, 겨울의 네 철
28	階	
	섬돌/층계 계	❶ 계급(階級) : 사회나 일정한 조직 내에서의 지위, 관직 따위의 단계 ❷ 단계(段階) : 일의 차례를 따라 나아가는 과정
29	鷄	
	닭 계	❶ 계란(鷄卵) : 닭의 알, 달걀 ❷ 양계(養鷄) : 닭을 기르는 일 ❸ 계륵(鷄肋) : 닭의 갈비라는 뜻으로, 그다지 큰 소용은 없으나 버리기에는 아까운 것을 말함
30	繼	
	이을 계:	❶ 계속(繼續) : 끊어지지 않고 뒤를 이어 나감 ❷ 계주(繼走) : 이어달리기

번호	획순 · 훈(뜻) 음(소리)	따라 쓰기 · 어휘 뜻풀이
31	孤	孤 孤 孤 孤 孤
	외로울 고	❶ 고아(孤兒) : 부모를 여의거나 부모에게 버림받아 몸 붙일 곳이 없는 아이 ❷ 고독(孤獨) : 세상에 홀로 떨어져 있는 듯이 매우 외롭고 쓸쓸함
32	庫	庫 庫 庫 庫 庫
	곳집/창고 고	❶ 재고(在庫) : 창고에 쌓아둔 물건 ❷ 창고(倉庫) : 물건이나 자재를 저장하거나 보관하는 건물
33	穀	穀 穀 穀 穀 穀
	곡식 곡	❶ 곡식(穀食) : 사람의 식량이 되는 쌀, 보리, 콩, 밀, 옥수수 따위의 총칭 ❷ 잡곡(雜穀) : 쌀 이외의 모든 곡식
34	困	困 困 困 困 困
	곤할 곤:	❶ 곤경(困境) : 어려운 형편이나 처지 ❷ 빈곤(貧困) : 가난하여 살기가 어려움
35	骨	骨 骨 骨 骨 骨
	뼈 골	❶ 골절(骨折) : 뼈가 부러짐 ❷ 골육상잔(骨肉相殘) : 가까운 혈족끼리 서로 해치고 죽임

번호	획순 · 훈(뜻) 음(소리)	따라 쓰기 · 어휘 뜻풀이
36	攻	攻 攻 攻 攻 攻
	칠(擊) 공	❶ 전공(專攻) : 어느 한 분야를 전문적으로 연구함 ❷ 공방(攻防) : 서로 공격하고 방어함
37	孔	孔 孔 孔 孔 孔
	구멍/성(姓) 공:	❶ 공자(孔子) : 중국 춘추 시대의 사상가이자 학자 ❷ 모공(毛孔) : 털이 나는 작은 구멍 ❸ 구공탄(九孔炭) : 구멍이 아홉 뚫린 탄
38	管	管 管 管 管 管
	대롱/주관할/관 관	❶ 관리(管理) : 어떤 일의 사무를 맡아 처리함 ❷ 보관(保管) : 물건을 맡아서 간직하고 관리함
39	鑛	鑛 鑛 鑛 鑛 鑛
	쇳돌 광:	❶ 광산(鑛山) : 광물을 캐내는 곳 ❷ 폐광(廢鑛) : 광산에서 광물을 캐내는 일을 중지함
40	構	構 構 構 構 構
	얽을/이룰 구	❶ 구성(構成) : 몇 가지 부분이나 요소들을 모아서 일정한 전체를 짜 이룸 ❷ 구축(構築) : 어떤 시설물을 쌓아 올려 만듦

4급

번호	획순 · 훈(뜻) 음(소리)	따라 쓰기 · 어휘 뜻풀이
41	君	君 君 君 君 君
	임금 군	❶ 성군(聖君) : 어질고 덕이 뛰어난 임금 ❷ 군신유의(君臣有義) : 임금과 신하 사이에 의리가 있어야 함
42	群	群 群 群 群 群
	무리 군	❶ 군중(群衆) : 한 곳에 무리 지어 모여 있는 사람들 ❷ 군락(群落) : 같은 지역에 모여 생활하는 많은 부락. 또는 식물의 무리
43	屈	屈 屈 屈 屈 屈
	굽힐/굽을 굴	❶ 굴곡(屈曲) : 이리저리 꺾이고 굽음 ❷ 굴복(屈服) : 힘이 모자라서 복종함 ❸ 굴복(屈伏) : 머리를 굽히어 꿇어 엎드림
44	窮	窮 窮 窮 窮 窮
	다할/궁할 궁	❶ 곤궁(困窮) : 가난하여 살림이 구차함 ❷ 궁리(窮理) : 사물의 이치를 깊이 연구함
45	券	券 券 券 券 券
	문서 권	❶ 복권(福券) : 제비를 뽑아서 맞으면 일정한 상금을 타게 되는 표 ❷ 증권(證券) : 증거가 되는 문서나 서류

번호	획순 · 훈(뜻) 음(소리)	따라 쓰기 · 어휘 뜻풀이
46	卷	
	책 권(:)	❶ 권두(卷頭) : 책의 첫머리 ❷ 압권(壓卷) : 여럿 가운데 가장 뛰어난 것
47	勸	
	권할 권:	❶ 권고(勸告) : 어떤 일을 하도록 권함 ❷ 강권(強勸) : 내키지 아니한 것을 억지로 권함
48	歸	
	돌아갈 귀:	❶ 귀국(歸國) : 외국에 나가 있던 사람이 자기 나라로 돌아오거나 돌아감 ❷ 귀가(歸家) : 집으로 돌아가거나 돌아옴
49	均	
	고를 균	❶ 평균(平均) : 여러 사물의 질이나 양 따위를 통일적으로 고르게 한 것 ❷ 균일(均一) : 한결같이 고름
50	劇	
	심할/연극 극	❶ 극장(劇場) : 연극을 연출하거나 영화를 상영하는 곳 ❷ 비극(悲劇) : 인생에서 일어나는 비참한 사건

번호	획순 · 훈(뜻) 음(소리)	따라 쓰기 · 어휘 뜻풀이
51	筋	筋 筋 筋 筋 筋
	힘줄 근	❶ 근력(筋力) : 근육의 힘 ❷ 철근(鐵筋) : 콘크리트 속에 박아 뼈대로 삼는 가늘고 긴 쇠막대
52	勤	勤 勤 勤 勤 勤
	부지런할 근(:)	❶ 근면(勤勉) : 부지런히 일하며 힘씀 ❷ 근무(勤務) : 직장에 적을 두고 직무에 종사함
53	紀	紀 紀 紀 紀 紀
	벼리/실마리 기	❶ 기념(紀念) : 어떤 뜻깊은 일이나 훌륭한 인물 등을 오래도록 잊지 아니하고 마음에 간직함 ❷ 기원(紀元) : 연대를 계산하는 데에 기준이 되는 해
54	奇	奇 奇 奇 奇 奇
	기특할/기이할 기	❶ 기적(奇蹟) : 상식으로 생각할 수 없는 기이한 일 ❷ 호기심(好奇心) : 새롭고 기이한 것에 대하여 끌리는 마음
55	寄	寄 寄 寄 寄 寄
	부칠/보낼 기	❶ 기여(寄與) : 도움이 되도록 이바지함 ❷ 기증(寄贈) : 선물이나 기념으로 남에게 물품을 거저 줌

번호	획순 · 훈(뜻) 음(소리)	따라 쓰기 · 어휘 뜻풀이
56	機	
	틀/베틀 **기**	❶ 기회(機會) : 어떠한 일을 하는 데 적절한 시기나 경우 ❷ 동기(動機) : 어떤 일이나 행동을 일으키게 하는 계기
57	納	
	들일/바칠 **납**	❶ 납세(納稅) : 세금을 내는 것 ❷ 반납(半納) : 도로 돌려줌 ❸ 출납(出納) : 돈이나 물품을 내어 주거나 받아들임
58	段	
	층계/단 **단**	❶ 수단(手段) : 어떤 목적을 이루기 위한 방법 ❷ 단계(段階) : 일의 차례를 따라 나아가는 과정
59	徒	
	무리 **도**	❶ 도보(徒步) : 탈것을 타지 않고 걸어감 ❷ 무위도식(無爲徒食) : 하는 일 없이 놀고먹음
60	逃	
	도망할/달아날 **도**	❶ 도망(逃亡) : 피하거나 쫓기어 달아남 ❷ 도피(逃避) : 도망하여 몸을 피함

4급

번호	획순 · 훈(뜻) 음(소리)	따라 쓰기 · 어휘 뜻풀이
61	盜	盜 盜 盜 盜 盜
	도둑/훔칠 도(:)	❶ 절도(竊盜) : 남의 물건을 몰래 훔침 ❷ 강도(強盜) : 폭행이나 협박 따위로 남의 재물을 빼앗는 도둑
62	卵	卵 卵 卵 卵 卵
	알 란(난):	❶ 산란(産卵) : 알을 낳음 ❷ 무정란(無精卵) : 수정이 되지 아니한 알 ❸ 누란지세(累卵之勢) : 몹시 위태로운 형세를 말함
63	亂	亂 亂 亂 亂 亂
	어지러울 란(난):	❶ 소란(騷亂) : 시끄럽고 어수선함 ❷ 난세(亂世) : 전쟁이나 무질서한 정치 따위로 어지러워 살기 힘든 세상
64	覽	覽 覽 覽 覽 覽
	볼 람(남)	❶ 관람(觀覽) : 연극, 영화, 운동 경기, 미술품 따위를 구경함 ❷ 열람(閱覽) : 책이나 문서 따위를 죽 훑어보거나 조사하면서 봄
65	略	略 略 略 略 略
	간략할/약할 략(약)	❶ 침략(侵略) : 남의 나라 땅을 침범하여 약탈함 ❷ 생략(省略) : 전체에서 일부를 줄이거나 뺌

번호	획순 · 훈(뜻) 음(소리)	따라 쓰기 · 어휘 뜻풀이
66	糧	
	양식 량(양)	❶ 식량(食糧) : 먹을 양식 ❷ 군량(軍糧) : 군대에서 사용하는 양식
67	慮	
	생각할 려(여):	❶ 고려(考慮) : 깊이 생각하여 헤아림 ❷ 염려(念慮) : 여러 가지로 헤아려 걱정하는 것
68	烈	
	매울 렬(열)	❶ 강렬(強烈) : 세차고 맹렬함 ❷ 선열(先烈) : 나라를 위하여 싸우다가 죽은 열사
69	龍	
	용 룡(용)	❶ 용궁(龍宮) : 전설에서, 바닷속에 있다고 하는 용왕의 궁전 ❷ 용안(龍顔) : 임금의 얼굴
70	柳	
	버들 류(유)(:)	❶ 유기(柳器) : 키버들의 가지나 대오리 따위로 엮어서 상자같이 만든 물건 ❷ 유엽(柳葉) : 버드나무의 잎

번호	획순 · 훈(뜻) 음(소리)	따라 쓰기 · 어휘 뜻풀이
71	輪	輪 輪 輪 輪 輪
	바퀴/돌 륜(윤)	❶ 연륜(年輪) : 여러 해 동안 쌓은 경험에 의하여 이루어진 숙련의 정도 ❷ 윤작(輪作) : 같은 땅에 여러 가지 농작물을 해마다 바꾸어 심는 일
72	離	離 離 離 離 離
	떠날 리(이):	❶ 이탈(離脫) : 떨어져 나감 ❷ 회자정리(會者定離) : 만나면 언젠가는 헤어지게 된다는 말
73	妹	妹 妹 妹 妹 妹
	누이/손아래 누이 매	❶ 자매(姉妹) : 언니와 여동생 ❷ 남매(男妹) : 오빠와 누이
74	勉	勉 勉 勉 勉 勉
	힘쓸 면:	❶ 근면(勤勉) : 부지런히 일하며 힘씀 ❷ 면학(勉學) : 학문에 힘씀
75	鳴	鳴 鳴 鳴 鳴 鳴
	울 명	❶ 비명(悲鳴) : 갑작스러운 위험이나 두려움 때문에 지르는 외마디 소리 ❷ 자명종(自鳴鐘) : 때가 되면 저절로 울려서 시간을 알리는 시계

번호	획순 · 훈(뜻) 음(소리)	따라 쓰기 · 어휘 뜻풀이
76	模	
	본뜰/본 모	❶ 모범(模範) : 본받아 배울 만한 대상 ❷ 모창(模唱) : 남의 노래를 흉내 내는 일
77	妙	
	묘할 묘:	❶ 묘기(妙技) : 교묘한 기술과 재주 ❷ 묘안(妙案) : 뛰어나게 좋은 생각
78	墓	
	무덤 묘:	❶ 묘비(墓碑) : 무덤 앞에 세우는 비석 ❷ 성묘(省墓) : 조상의 산소에 가서 인사를 드리고 산소를 살피는 일
79	舞	
	춤출 무:	❶ 무용(舞踊) : 음악에 맞추어 율동적인 동작으로 감정과 의지를 표현함 ❷ 군무(群舞) : 여러 사람이 무리를 지어 춤을 춤
80	拍	
	칠/손뼉칠 박	❶ 박수(拍手) : 기쁨, 찬성, 환영을 나타내거나 장단을 맞추려고 두 손뼉을 마주침 ❷ 박차(拍車) : 어떤 일을 촉진하려고 더하는 힘

번호	획순 · 훈(뜻) 음(소리)	따라 쓰기 · 어휘 뜻풀이
81	髮	髮 髮 髮 髮 髮
	터럭 발	❶ 두발(頭髮) : 머리에 난 털 ❷ 위기일발(危機一髮) : 여유가 조금도 없이 몹시 절박한 순간
82	妨	妨 妨 妨 妨 妨
	방해할 방	❶ 방해(妨害) : 남의 일을 간섭하고 막아 해를 끼침 ❷ 무방(無妨) : 해롭지 않거나 거리낄 것이 없음
83	犯	犯 犯 犯 犯 犯
	범할 범:	❶ 범인(犯人) : 범죄를 저지른 사람 ❷ 공범(共犯) : 몇 사람이 공모하여 공동으로 행한 범죄
84	範	範 範 範 範 範
	법/모범 범:	❶ 범위(範圍) : 일정하게 한정된 영역이나 어떤 것이 미치는 한계 ❷ 모범(模範) : 본받아 배울 만한 대상
85	辯	辯 辯 辯 辯 辯
	말씀/말 잘할 변:/변	❶ 답변(答辯) : 물음에 대하여 밝혀 대답함 ❷ 웅변(雄辯) : 조리가 있고 막힘이 없이 당당하게 말함

번호	획순 · 훈(뜻) 음(소리)	따라 쓰기 · 어휘 뜻풀이
86	普	普 普 普 普 普
	넓을 보:	❶ 보통(普通) : 일반적으로, 또는 흔히 ❷ 보급(普及) : 널리 펴서 많은 사람들에게 골고루 미치게 하여 누리게 함
87	伏	伏 伏 伏 伏 伏
	엎드릴 복	❶ 항복(降伏) : 적이나 상대편의 힘에 눌리어 굴복함 ❷ 잠복(潛伏) : 드러나지 않게 숨음
88	複	複 複 複 複 複
	겹칠 복	❶ 복사(複寫) : 원본을 베낌 ❷ 복잡(複雜) : 여럿이 겹치고 뒤섞여 있음
89	否	否 否 否 否 否
	아닐 부:	❶ 부인(否認) : 어떤 사실이 있음을 인정하지 아니함 ❷ 거부(拒否) : 요구나 제의 따위를 받아들이지 않고 물리침
90	負	負 負 負 負 負
	질(荷)/짐질 부:	❶ 부상(負傷) : 몸에 상처를 입음 ❷ 승부(勝負) : 이김과 짐

4급

번호	획순 · 훈(뜻) 음(소리)	따라 쓰기 · 어휘 뜻풀이
91	粉	粉 粉 粉 粉 粉
	가루 분(:)	❶ 분식(粉食) : 밀가루 따위로 만든 음식 ❷ 분쇄(粉碎) : 가루처럼 잘게 부스러뜨림
92	憤	憤 憤 憤 憤 憤
	분할 분:	❶ 분노(憤怒) : 분개하여 몹시 성을 냄 ❷ 격분(激憤) : 몹시 분하고 노여운 감정이 북받쳐 오름
93	批	批 批 批 批 批
	비평할 비:	❶ 비판(批判) : 현상이나 사물의 옳고 그름을 판단하여 밝히거나 잘못된 점을 지적함 ❷ 비준(批准) : 조약을 헌법상의 조약 체결권자가 최종적으로 확인 · 동의하는 절차
94	祕	祕 祕 祕 祕 祕
	숨길 비:	❶ 비밀(祕密) : 숨기어 남에게 드러내거나 알리지 말아야 할 일 ❷ 비경(祕境) : 경치가 빼어나게 아름다운 곳
95	碑	碑 碑 碑 碑 碑
	비석 비	❶ 비문(碑文) : 비석에 새긴 글 ❷ 묘비(墓碑) : 무덤 앞에 세우는 비석

번호	획순 · 훈(뜻) 음(소리)	따라 쓰기 · 어휘 뜻풀이
96	私	
	사사(私事)/사사로울 사	❶ 사유(私有) : 개인의 소유 ❷ 선공후사(先公後私) : 공적인 일을 먼저 하고 사사로운 일은 뒤로 미룸
97	射	
	쏠 사(:)	❶ 주사(注射) : 몸에 약을 바늘로 찔러 넣음 ❷ 사격(射擊) : 총, 대포, 활 따위를 쏨
98	絲	
	실 사	❶ 원사(原絲) : 직물의 원료가 되는 실 ❷ 견사(絹絲) : 깁이나 비단을 짜는 명주실
99	辭	
	말씀/물러날 사	❶ 축사(祝辭) : 축하의 뜻을 나타내는 글을 쓰거나 말을 함 ❷ 답사(答辭) : 회답하는 말
100	散	
	흩을/흩어질 산:	❶ 해산(解散) : 모였던 사람들이 흩어짐 ❷ 분산(分散) : 따로따로 흩어짐

번호	획순 · 훈(뜻) 음(소리)	따라 쓰기 · 어휘 뜻풀이
101	象	象 象 象 象 象
	코끼리/형상 **상**	❶ 인상(印象) : 어떤 대상에 대하여 마음속에 새겨지는 느낌 ❷ 대상(對象) : 어떤 일의 상대 또는 목표나 목적이 되는 것
102	傷	傷 傷 傷 傷 傷
	다칠/상할 **상**	❶ 상처(傷處) : 몸을 다쳐서 부상을 입은 자리 ❷ 손상(損傷) : 물체가 깨지거나 상함
103	宣	宣 宣 宣 宣 宣
	베풀/알릴 **선**	❶ 선고(宣告) : 선언하여 널리 알림 ❷ 선포(宣布) : 세상에 널리 알림
104	舌	舌 舌 舌 舌 舌
	혀/말 **설**	❶ 설전(舌戰) : 말로 옳고 그름을 가리는 다툼 ❷ 구설수(口舌數) : 남에게서 헐뜯는 말을 듣게 될 운수
105	屬	屬 屬 屬 屬 屬
	붙일/무리 **속**	❶ 소속(所屬) : 일정한 기관이나 단체에 속함 ❷ 부속(附屬) : 주된 일이나 물건에 딸려서 붙음

번호	획순 · 훈(뜻) 음(소리)	따라 쓰기 · 어휘 뜻풀이
106	損	
	덜 손:	❶ 손해(損害) : 물질적으로나 정신적으로 밑짐 ❷ 파손(破損) : 깨어져 못 쓰게 됨
107	松	
	소나무 송	❶ 송화(松花) : 소나무의 꽃가루, 또는 소나무의 꽃 ❷ 낙락장송(落落長松) : 가지가 길게 축축 늘어진 키가 큰 소나무
108	頌	
	칭송할/기릴 송:	❶ 칭송(稱頌) : 공덕을 칭찬하여 기림 ❷ 송축(頌祝) : 경사를 기리고 축하함
109	秀	
	빼어날 수	❶ 우수(優秀) : 여럿 가운데 아주 뛰어남 ❷ 수재(秀才) : 뛰어난 재주
110	叔	
	아재비 숙	❶ 숙부(叔父) : 아버지의 아우, 또는 작은 아버지 ❷ 당숙(堂叔) : 아버지의 사촌 형제

번호	획순 · 훈(뜻) 음(소리)	따라 쓰기 · 어휘 뜻풀이
111	肅	肅 肅 肅 肅 肅
	엄숙할 숙	❶ 자숙(自肅) : 자신의 행동을 스스로 조심함 ❷ 숙청(肅淸) : 잘못이나 악인을 없애어 맑게 함
112	崇	崇 崇 崇 崇 崇
	높을 숭	❶ 숭배(崇拜) : 우러러 공경함 ❷ 숭고(崇高) : 존엄하고 고상함
113	氏	氏 氏 氏 氏 氏
	각시/성씨(性氏) 씨	❶ 씨족(氏族) : 공동의 조상을 가진 혈연 공동체 ❷ 성씨(姓氏) : 성(性)을 높여 부르는 말
114	額	額 額 額 額 額
	이마/한도 액	❶ 금액(金額) : 돈의 액수 ❷ 잔액(殘額) : 나머지 금액
115	樣	樣 樣 樣 樣 樣
	모양 양	❶ 모양(模樣) : 겉으로 나타나는 생김새나 됨됨이 ❷ 다양(多樣) : 여러 가지 모양이나 양식

번호	획순 · 훈(뜻) 음(소리)	따라 쓰기 · 어휘 뜻풀이
116	嚴	
	엄할 엄	❶ 엄격(嚴格) : 말, 태도, 규칙 따위가 매우 엄하고 철저함 ❷ 엄수(嚴守) : 명령이나 약속 따위를 어김없이 지킴
117	與	
	더불/줄 여:	❶ 참여(參與) : 참가하여 관계함 ❷ 여건(與件) : 주어진 조건
118	易	
	바꿀 역 쉬울 이:	❶ 무역(貿易) : 나라와 나라 사이에 상품을 사고팔고 하는 일 ❷ 용이(容易) : 어렵지 아니하고 아주 쉬움
119	域	
	지경/경계 역	❶ 지역(地域) : 일정한 땅의 구역 ❷ 영역(領域) : 한 나라의 주권이 미치는 범위.(영토, 영해, 영공 등)
120	延	
	늘일/끌 연	❶ 연기(延期) : 정해진 기한을 뒤로 물려서 늘림 ❷ 연체(延滯) : 정한 기한에 약속을 지키지 못하고 지체함

4급

번호	획순 · 훈(뜻) 음(소리)	따라 쓰기 · 어휘 뜻풀이
121	鉛	鉛 鉛 鉛 鉛 鉛
	납 연	❶ 연필(鉛筆) : 필기도구의 하나 ❷ 아연(亞鉛) : 질이 무르고 광택이 나는 청색을 띤 흰색의 금속 원소
122	緣	緣 緣 緣 緣 緣
	인연 연	❶ 인연(因緣) : 사람들 사이에 맺어지는 관계 ❷ 혈연(血緣) : 같은 핏줄에 의하여 연결된 인연
123	燃	燃 燃 燃 燃 燃
	탈/사를 연	❶ 연료(燃料) : 연소하여 열, 빛, 동력의 에너지를 얻을 수 있는 물질을 통틀어 이르는 말 ❷ 가연성(可燃性) : 불에 잘 탈 수 있거나 타기 쉬운 성질
124	迎	迎 迎 迎 迎 迎
	맞을/맞이할 영	❶ 환영(歡迎) : 기쁜 마음으로 맞음 ❷ 송구영신(送舊迎新) : 묵은 해를 보내고 새해를 맞음
125	映	映 映 映 映 映
	비칠/비출 영(:)	❶ 상영(上映) : 영화를 영사하여 공개하는 일 ❷ 방영(放映) : 텔레비전으로 방송하는 일

번호	획순 · 훈(뜻) 음(소리)	따라 쓰기 · 어휘 뜻풀이
126	營	
	경영할 영	❶ 영업(營業) : 영리를 목적으로 하는 사업 ❷ 운영(運營) : 조직이나 기구, 사업체 따위를 운용하고 경영함
127	豫	
	미리 예:	❶ 예산(豫算) : 필요한 비용을 미리 헤아려 계산함 ❷ 예약(豫約) : 미리 약속함
128	郵	
	우편 우	❶ 우편(郵便) : 편지나 소포 따위를 운송하는 국영 사업 ❷ 우송(郵送) : 우편으로 보냄
129	遇	
	만날 우:	❶ 경우(境遇) : 놓여 있는 조건이나 놓이게 된 형편이나 사정 ❷ 불우(不遇) : 좋은 때를 만나지 못하여 불행함
130	優	
	넉넉할 우	❶ 우승(優勝) : 경기, 경주 등에서 첫째로 이기는 것 ❷ 우량(優良) : 물건의 품질이나 상태가 좋음

번호	획순 · 훈(뜻) 음(소리)	따라 쓰기 · 어휘 뜻풀이
131	怨	怨 怨 怨 怨 怨
	원망할 원(:)	❶ 민원(民怨) : 백성의 원망 ❷ 원성(怨聲) : 원망하는 소리
132	源	源 源 源 源 源
	근원 원	❶ 자원(資源) : 인간 생활 및 경제 생산에 이용되는 원료 ❷ 원천(源泉) : 물이 흘러나오는 근원이나 사물의 근원
133	援	援 援 援 援 援
	도울 원:	❶ 원조(援助) : 물품이나 돈 따위로 도와줌 ❷ 구원(救援) : 어려움이나 위험에 빠진 사람을 구하여 줌
134	危	危 危 危 危 危
	위태할 위	❶ 위험(危險) : 해로움이나 손실이 생길 우려가 있음 ❷ 위기(危機) : 위험한 고비나 시기
135	委	委 委 委 委 委
	맡길 위	❶ 위임(委任) : 어떤 일을 책임 지워 맡김 ❷ 위원(委員) : 선거나 임명에 의하여 지명되어 단체의 특정 사항을 처리할 것을 위임받은 사람

번호	획순 · 훈(뜻) 음(소리)	따라 쓰기 · 어휘 뜻풀이
136	威	
	위엄 위	❶ 시위(示威) : 위력이나 기세를 드러내어 보임 ❷ 위력(威力) : 상대를 압도할 만큼 강력함
137	圍	
	에워쌀 위	❶ 주위(周圍) : 어떤 사물이나 사람을 둘러싸고 있는 것 ❷ 범위(範圍) : 어떤 것이 미치는 한계
138	慰	
	위로할 위	❶ 위로(慰勞) : 따뜻한 말이나 행동으로 괴로움을 덜어 주거나 슬픔을 달래 줌 ❷ 위안(慰安) : 위로하여 마음을 편하게 함
139	乳	
	젖 유	❶ 모유(母乳) : 제 어미의 젖 ❷ 우유(牛乳) : 소의 젖
140	遊	
	놀 유	❶ 유세(遊說) : 자기 의견 또는 자기 소속 정당의 주장을 선전하며 돌아다님 ❷ 야유회(野遊會) : 들이나 교외로 나가서 노는 놀이

4급

번호	획순 · 훈(뜻) 음(소리)	따라 쓰기 · 어휘 뜻풀이
141	遺	遺 遺 遺 遺 遺
	남길 유	❶ 유산(遺産) : 죽은 사람이 남겨 놓은 재산 ❷ 유언(遺言) : 죽음에 이르러 말을 남김
142	儒	儒 儒 儒 儒 儒
	선비 유	❶ 유림(儒林) : 유학을 신봉하는 사람들 ❷ 유생(儒生) : 유학을 공부하는 선비
143	隱	隱 隱 隱 隱 隱
	숨을 은	❶ 은닉(隱匿) : 남의 물건이나 범죄인을 감춤 ❷ 은신(隱身) : 몸을 숨김
144	依	依 依 依 依 依
	의지할 의	❶ 의지(依支) : 다른 것에 몸을 기댐 ❷ 의뢰(依賴) : 남에게 부탁함
145	儀	儀 儀 儀 儀 儀
	거동 의	❶ 의식(儀式) : 행사를 치르는 일정한 법식 ❷ 예의(禮儀) : 존경의 뜻을 표하기 위하여 예로써 나타내는 말투나 몸가짐

번호	획순 · 훈(뜻) 음(소리)	따라 쓰기 · 어휘 뜻풀이
146	疑	
	의심할 의	❶ 의심(疑心) : 확실히 알 수 없어서 믿지 못하는 마음 ❷ 질의(質疑) : 의심나거나 모르는 점을 물음
147	異	
	다를 이:	❶ 이견(異見) : 서로 다른 이견 ❷ 차이(差異) : 서로 같지 아니하고 다름
148	仁	
	어질 인	❶ 인자(仁慈) : 마음이 어진 사람 ❷ 살신성인(殺身成仁) : 자기의 몸을 희생하여 인(仁)을 이룸
149	姉	
	손위 누이 자	❶ 자형(姉兄) : 손위 누이의 남편 ❷ 자매(姉妹) : 언니와 여동생
150	姿	
	모양/맵시 자:	❶ 자세(姿勢) : 몸을 움직이거나 가누는 모양 ❷ 자태(姿態) : 모양이나 태도

4급

번호	획순 · 훈(뜻) 음(소리)	따라 쓰기 · 어휘 뜻풀이
151	資	資 資 資 資 資
	재물/재료 자	❶ 자본(資本) : 장사나 사업 따위의 기본이 되는 돈 ❷ 자료(資料) : 연구나 조사 따위의 바탕이 되는 재료
152	殘	殘 殘 殘 殘 殘
	남을 잔	❶ 잔금(殘金) : 쓰고 남은 돈 ❷ 잔업(殘業) : 정해진 노동 시간이 끝난 뒤에 하는 노동
153	雜	雜 雜 雜 雜 雜
	섞일 잡	❶ 혼잡(混雜) : 여럿이 한데 뒤섞이어 어수선함 ❷ 잡담(雜談) : 쓸데없이 지껄이는 말
154	壯	壯 壯 壯 壯 壯
	장할/씩씩할 장:	❶ 장사(壯士) : 몸이 우람하고 힘이 아주 센 사람 ❷ 웅장(雄壯) : 으리으리하게 크고도 굉장함
155	裝	裝 裝 裝 裝 裝
	꾸밀 장	❶ 장치(裝置) : 어떤 목적에 따라 기능하도록 기계, 도구 따위를 그 장소에 장착함 ❷ 복장(服裝) : 옷을 차려입은 모양

번호	획순 · 훈(뜻) 음(소리)	따라 쓰기 · 어휘 뜻풀이
156	帳	
	장막/장부 장	❶ 통장(通帳) : 금융 기관에서, 예금한 사람에게 출납의 상태를 적어 주는 장부 ❷ 일기장(日記帳) : 그날그날 겪는 일이나 생각, 느낌 따위를 적는 장부
157	張	
	베풀 장	❶ 주장(主張) : 자기 의견을 굳이 내세움 ❷ 출장(出張) : 용무를 위하여 임시로 다른 곳으로 나감
158	獎	
	장려할 장:	❶ 권장(勸奬) : 권하여 장려함 ❷ 장학금(奬學金) : 가난한 학생을 위한 학비 보조금
159	腸	
	창자 장	❶ 심장(心腸) : 마음의 속내 ❷ 대장(大腸) : 작은창자의 끝에서부터 항문에 이르는 소화 기관
160	底	
	밑 저:	❶ 저력(底力) : 속에 간직하고 있는 든든한 힘 ❷ 해저(海底) : 바다의 밑바닥

번호	획순 · 훈(뜻) 음(소리)	따라 쓰기 · 어휘 뜻풀이
161	賊	賊 賊 賊 賊 賊
	도둑 적	❶ 역적(逆賊) : 자기 나라나 민족, 통치자를 반역한 사람 ❷ 해적(海賊) : 바다를 다니며 배를 습격하여 재물을 빼앗는 도둑
162	適	適 適 適 適 適
	맞을 적	❶ 적용(適用) : 알맞게 이용하거나 맞추어 씀 ❷ 적격(適格) : 어떤 일에 자격이 알맞음
163	積	積 積 積 積 積
	쌓을 적	❶ 면적(面積) : 일정한 평면이나 구면(球面)의 크기 ❷ 적금(積金) : 돈을 모아 둠
164	績	績 績 績 績 績
	길쌈/성과 적	❶ 성적(成績) : 학생들이 배운 지식, 기능, 태도 따위를 평가한 결과 ❷ 업적(業績) : 어떤 사업이나 연구 따위에서 세운 공적
165	籍	籍 籍 籍 籍 籍
	문서 적	❶ 국적(國籍) : 한 나라의 구성원이 되는 자격 ❷ 본적(本籍) : 호적이 있는 지역

번호	획순 · 훈(뜻) 음(소리)	따라 쓰기 · 어휘 뜻풀이
166	專	
	오로지 전	❶ 전공(專攻) : 어느 한 분야를 전문적으로 연구함 ❷ 전념(專念) : 오직 한 가지 일에만 마음을 씀
167	轉	
	구를 전:	❶ 전용(轉用) : 예정되어 있는 곳에 아니하고 다른 데로 돌려서 씀 ❷ 역전(逆轉) : 형세가 뒤집힘
168	錢	
	돈 전:	❶ 금전(金錢) : 쇠붙이로 만든 돈 ❷ 환전(換錢) : 서로 종류가 다른 화폐와 화폐를 교환하는 일
169	折	
	꺾을 절	❶ 좌절(挫折) : 마음이나 기운이 꺾임 ❷ 골절(骨折) : 뼈가 부러짐
170	占	
	점령할/점칠 점:/점	❶ 점거(占據) : 어떤 장소를 차지하여 자리를 잡음 ❷ 선점(先占) : 남보다 앞서서 차지함 ❸ 점괘(占卦) : 점을 쳐서 나오는 괘

4급

번호	획순 · 훈(뜻) 음(소리)	따라 쓰기 · 어휘 뜻풀이
171	點	點 點 點 點 點
	점 점(:)	❶ 점검(點檢) : 낱낱이 검사함 ❷ 요점(要點) : 가장 중요하고 중심이 되는 사실이나 관점
172	丁	丁 丁 丁 丁 丁
	고무래/장정 정	❶ 장정(壯丁) : 나이가 젊고 기운이 좋은 남자 ❷ 백정(白丁) : 소나 개, 돼지 따위를 잡는 일을 직업으로 하는 사람
173	整	整 整 整 整 整
	가지런할 정:	❶ 조정(調整) : 어떤 기준이나 실정에 맞게 정돈함 ❷ 정비(整備) : 흐트러진 체계를 정리하여 제대로 갖춤
174	靜	靜 靜 靜 靜 靜
	고요할 정	❶ 정숙(靜肅) : 조용하고 엄숙함 ❷ 안정(安靜) : 육체적 또는 정신적으로 편안하고 고요함
175	帝	帝 帝 帝 帝 帝
	임금 제:	❶ 제왕(帝王) : 황제나 국왕 ❷ 일제(日帝) : 일본 제국주의

번호	획순 · 훈(뜻) 음(소리)	따라 쓰기 · 어휘 뜻풀이
176	組	
	짤 조	❶ 조합(組合) : 여럿을 한데 모아 한 덩어리로 짬 ❷ 조립(組立) : 여러 부품을 하나의 구조물로 짜 맞춤
177	條	
	가지/조목 조	❶ 조건(條件) : 일정한 일을 결정하기에 앞서 내놓는 요구나 견해 ❷ 부조리(不條理) : 도리에 어긋나거나 불합리한 일
178	潮	
	조수/밀물 조	❶ 간조(干潮) : 바다에서 조수가 빠져나가 해수면이 가장 낮아진 상태 ❷ 만조(滿潮) : 밀물로 해면이 가장 높은 때의 물
179	存	
	있을 존	❶ 보존(保存) : 잘 보호하고 간수하여 남김 ❷ 존재(存在) : 현실에 실제로 있음
180	從	
	좇을/따를 종(:)	❶ 종사(從事) : 어떤 일에 마음과 힘을 다함 ❷ 순종(順從) : 순순히 따름

번호	획순 · 훈(뜻) 음(소리)	따라 쓰기 · 어휘 뜻풀이
181	鍾	鍾 鍾 鍾 鍾 鍾
	쇠북 종	❶ 타종(打鍾) : 종을 치거나 때림 ❷ 자명종(自鳴鍾) : 때가 되면 저절로 울려서 시간을 알리는 기계
182	座	座 座 座 座 座
	자리 좌:	❶ 강좌(講座) : 강의나 강연 또는 설교를 하는 자리 ❷ 구좌(口座) : 금융 기관에 예금하려고 설정한 개인명이나 법인명의 계좌
183	朱	朱 朱 朱 朱 朱
	붉을 주	❶ 주황(朱黃) : 빨강과 노랑의 중간색 ❷ 인주(印朱) : 도장을 찍는 데 쓰는 붉은빛의 재료
184	周	周 周 周 周 周
	두루 주	❶ 주변(周邊) : 어떤 대상의 둘레 ❷ 주지(周知) : 여러 사람이 어떤 사실을 널리 아는 것
185	酒	酒 酒 酒 酒 酒
	술 주(:)	❶ 음주(飮酒) : 술을 마심 ❷ 주모(酒母) : 술청에서 술을 파는 여인

번호	획순 · 훈(뜻) 음(소리)	따라 쓰기 · 어휘 뜻풀이
186	證	
	증거 증	❶ 증거(證據) : 어떤 사실을 증명할 수 있는 근거 ❷ 보증(保證) : 어떤 사물이나 사람에 대하여 책임지고 틀림이 없음을 증명함
187	誌	
	기록할 지	❶ 일지(日誌) : 그날그날의 일을 적은 기록 ❷ 잡지(雜誌) : 정기적으로 간행하는 출판물
188	智	
	슬기/지혜 지	❶ 지혜(智慧) : 사물의 이치를 빨리 깨닫고 사물을 정확하게 처리하는 정신적 능력 ❷ 지략(智略) : 슬기로운 계략
189	持	
	가질 지	❶ 소지(所持) : 물건을 지니고 있는 일 ❷ 지참(持參) : 무엇을 가지고서 모임 따위에 참여함
190	織	
	짤 직	❶ 모직(毛織) : 털실로 짠 피륙 ❷ 조직(組織) : 짜서 이루거나 얽어서 만듦

4급

번호	획순 · 훈(뜻) 음(소리)	따라 쓰기 · 어휘 뜻풀이
191	珍	珍 珍 珍 珍 珍
	보배 진	❶ 진미(珍味) : 음식의 썩 좋은 맛 ❷ 진품(珍品) : 진귀한 물품
192	陣	陣 陣 陣 陣 陣
	진 칠/전쟁 진	❶ 포진(布陣) : 전쟁이나 경기 따위를 치르기 위하여 진을 침 ❷ 퇴진(退陣) : 진용을 갖춘 구성원 전체나 그 책임자가 물러남
193	盡	盡 盡 盡 盡 盡
	다할 진:	❶ 매진(賣盡) : 하나도 남지 않고 다 팔림 ❷ 탕진(蕩盡) : 재물 따위를 다 써서 없앰
194	差	差 差 差 差 差
	다를/어긋날 차	❶ 차이(差異) : 서로 같지 아니하고 다름 ❷ 오차(誤差) : 참값과 근삿값과의 차이
195	讚	讚 讚 讚 讚 讚
	기릴 찬:	❶ 칭찬(稱讚) : 좋은 점이나 착하고 훌륭한 일을 높이 평가함 ❷ 자화자찬(自畫自讚) : 자기가 한 일을 스스로 자랑함

번호	획순 · 훈(뜻) 음(소리)	따라 쓰기 · 어휘 뜻풀이
196	採	
	캘 채:	❶ 채용(採用) : 인재를 등용함 ❷ 채택(採擇) : 가려서 뽑음
197	冊	
	책 책	❶ 책방(冊房) : 서점 ❷ 책장(冊欌) : 책을 넣어 두는 장
198	泉	
	샘 천	❶ 온천(溫泉) : 지열로 땅속에서 물이 데워져서 땅위로 솟아오르는 지하수 ❷ 원천(源泉) : 물이 흘러나오는 근원이나 사물의 근원
199	聽	
	들을 청	❶ 청중(聽衆) : 강연이나 설교, 음악 따위를 듣기 위하여 모인 사람들 ❷ 도청(盜聽) : 몰래 엿들음
200	廳	
	관청 청	❶ 시청(市廳) : 시의 행정 사무를 맡아보는 기관 ❷ 대청(大廳) : 한옥에서, 몸채의 방과 방 사이에 있는 큰 마루

번호	획순 · 훈(뜻) 음(소리)	따라 쓰기 · 어휘 뜻풀이
201	招	招 招 招 招 招
	부를 초	❶ 초청(招請) : 사람을 청하여 부름 ❷ 자초(自招) : 스스로 그러한 결과가 오게 함
202	推	推 推 推 推 推
	밀 추/퇴	❶ 추진(推進) : 밀고 나아감 ❷ 추천(推薦) : 어떤 조건에 적합한 대상을 책임지고 소개함
203	縮	縮 縮 縮 縮 縮
	줄일 축	❶ 감축(減縮) : 덜어서 줄임 ❷ 축소(縮小) : 모양이나 규모 따위를 줄여서 작게 함
204	趣	趣 趣 趣 趣 趣
	뜻/취할 취:	❶ 취미(趣味) : 전문적으로 하는 것이 아니라 즐기기 위하여 하는 일 ❷ 취향(趣向) : 하고 싶은 마음이 쏠리는 방향
205	就	就 就 就 就 就
	나아갈 취:	❶ 취업(就業) : 일정한 직업을 잡아 직장에 나감 ❷ 성취(成就) : 목적한 바를 이룸

번호	획순 · 훈(뜻) 음(소리)	따라 쓰기 · 어휘 뜻풀이
206	層	層 層 層 層 層
	층(層階) 층	❶ 계층(階層) : 사회를 구성하는 여러 가지 층 ❷ 단층(單層) : 하나로만 이루어진 층
207	寢	寢 寢 寢 寢 寢
	잘 침:	❶ 침실(寢室) : 잠을 자는 방 ❷ 침식(寢食) : 잠자는 일과 먹는 일
208	針	針 針 針 針 針
	바늘 침(:)	❶ 방침(方針) : 앞으로 일을 치러 나갈 방향과 계획 ❷ 지침(指針) : 지지, 인도하는 요인
209	稱	稱 稱 稱 稱 稱
	일컬을/부를 칭	❶ 명칭(名稱) : 사람이나 사물 따위의 이름 ❷ 칭송(稱頌) : 공덕을 칭찬하여 기림
210	彈	彈 彈 彈 彈 彈
	탄알 탄:	❶ 탄압(彈壓) : 권력이나 무력 따위로 억지로 눌러 꼼짝 못하게 함 ❷ 방탄(防彈) : 날아오는 탄알을 막음

번호	획순 · 훈(뜻) 음(소리)	따라 쓰기 · 어휘 뜻풀이
211	歎	歎 歎 歎 歎 歎
	탄식할/칭찬할 탄:	❶ 감탄(感歎) : 마음속 깊이 느끼어 탄복함 ❷ 탄식(歎息) : 한탄하여 한숨을 쉼
212	脫	脫 脫 脫 脫 脫
	벗을 탈	❶ 탈락(脫落) : 범위에 들지 못하고 떨어지거나 빠짐 ❷ 허탈(虛脫) : 몸에 기운이 빠지고 정신이 멍함
213	探	探 探 探 探 探
	찾을 탐	❶ 탐사(探査) : 알려지지 않은 사물이나 사실 따위를 샅샅이 더듬어 조사함 ❷ 탐문(探問) : 찾아서 물음
214	擇	擇 擇 擇 擇 擇
	가릴 택	❶ 선택(選擇) : 여럿 가운데서 골라 뽑음 ❷ 택일(擇一) : 여럿 가운데서 하나를 고름
215	討	討 討 討 討 討
	칠(伐)/탐구할 토(:)	❶ 검토(檢討) : 어떤 사실이나 내용을 분석하여 따짐 ❷ 토론(討論) : 어떤 문제에 대하여 여러 사람이 각각 의견을 말하며 논의함

번호	획순 · 훈(뜻) 음(소리)	따라 쓰기 · 어휘 뜻풀이
216	痛	
	아플 통:	❶ 고통(苦痛) : 몸이나 마음의 괴로움과 아픔 ❷ 통쾌(痛快) : 아주 즐겁고 시원하여 유쾌함
217	投	
	던질 투	❶ 투자(投資) : 사업에 자금을 투입함 ❷ 투옥(投獄) : 감옥에 넣음
218	鬪	
	싸움 투	❶ 전투(戰鬪) : 두 편의 군대가 조직적으로 무장하여 싸움 ❷ 투병(鬪病) : 병을 고치려고 병과 싸움
219	派	
	갈래 파	❶ 파병(派兵) : 군대를 파견함 ❷ 파생(派生) : 사물이 어떤 근원으로부터 갈려 나와 생김
220	判	
	판단할 판	❶ 판결(判決) : 시비나 선악을 판단하여 결정함 ❷ 심판(審判) : 어떤 문제와 관련된 일이나 사람에 대하여 잘잘못을 가려 결정을 내리는 일

번호	획순 · 훈(뜻) 음(소리)	따라 쓰기 · 어휘 뜻풀이
221	篇	篇 篇 篇 篇 篇
	책 편	❶ 단편(短篇) : 짤막하게 지은 글이나 영화 ❷ 시편(詩篇) : 시를 모아 묶은 책
222	評	評 評 評 評 評
	평할/평론할 **평:**	❶ 평가(評價) : 사물의 가치나 수준 따위를 평함 ❷ 호평(好評) : 좋은 평판
223	閉	閉 閉 閉 閉 閉
	닫을 **폐:**	❶ 폐회(閉會) : 집회 또는 회의를 마침 ❷ 폐교(閉校) : 학교 문을 닫고 수업을 중지하고 쉼
224	胞	胞 胞 胞 胞 胞
	세포/태보 **포(:)**	❶ 동포(同胞) : 같은 나라 또는 같은 민족의 사람을 다정하게 이르는 말 ❷ 세포(細胞) : 생물체를 구성하는 가장 기본적인 단위
225	爆	爆 爆 爆 爆 爆
	불 터질/폭발할 **폭**	❶ 폭소(爆笑) : 웃음이 갑자기 세차게 터져 나옴 ❷ 자폭(自爆) : 자기가 지닌 폭발물을 스스로 터뜨림

번호	획순 · 훈(뜻) 음(소리)	따라 쓰기 · 어휘 뜻풀이
226	標	
	표할 표	❶ 목표(目標) : 목적을 이루기 위하여 실제적 대상으로 삼는 것 ❷ 표본(標本) : 본보기로 삼을 만한 것
227	疲	
	피곤할 피	❶ 피곤(疲困) : 몸이나 마음이 지치어 고달픔 ❷ 피로(疲勞) : 과로로 정신이나 몸이 지쳐 힘듦
228	避	
	피할 피:	❶ 피난(避難) : 재난을 피하여 멀리 옮겨 감 ❷ 피서(避暑) : 더위를 피하여 시원한 곳으로 옮김
229	恨	
	한(怨)/한할 한:	❶ 원한(怨恨) : 억울하고 원통한 일을 당하여 응어리진 마음 ❷ 한탄(恨歎) : 원통하거나 뉘우치는 일이 있을 때 한숨을 쉬며 탄식함
230	閑	
	한가할 한	❶ 한가(閑暇) : 할 일이 없어 몸과 틈이 있음 ❷ 등한시(等閑視) : 소홀하게 보아 넘김

번호	획순 · 훈(뜻) 음(소리)	따라 쓰기 · 어휘 뜻풀이
231	抗	抗 抗 抗 抗 抗
	겨룰/막을 항:	❶ 대항(對抗) : 서로 상대하여 승부를 다툼 ❷ 반항(反抗) : 다른 사람이나 대상에 맞서 대들거나 반대함
232	核	核 核 核 核 核
	씨 핵	❶ 핵심(核心) : 사물의 가장 중심이 되는 부분 ❷ 핵무기(核武器) : 원자 폭탄이나 수소 폭탄 따위의 핵반응으로 생기는 힘을 이용한 무기
233	憲	憲 憲 憲 憲 憲
	법 헌:	❶ 헌법(憲法) : 한 나라의 통치 체제의 기본 원칙을 정하는 법칙 ❷ 개헌(改憲) : 헌법의 내용을 고침
234	險	險 險 險 險 險
	험할 험:	❶ 보험(保險) : 손해를 물어 준다거나 일이 확실하게 이루어진다는 보증 ❷ 험난(險難) : 위험하고 어려움
235	革	革 革 革 革 革
	가죽 혁	❶ 개혁(改革) : 제도나 기구 따위를 새롭게 뜯어고침 ❷ 혁신(革新) : 일체의 묵은 제도나 방식을 고쳐서 새롭게 함

번호	획순 · 훈(뜻) 음(소리)	따라 쓰기 · 어휘 뜻풀이
236	顯	
	나타날 현:	❶ 현고(顯考) : 돌아가신 아버지의 신주나 축문 첫머리에 쓰는 말 ❷ 현충일(顯忠日) : 나라를 위하여 싸우다 숨진 장병과 순국선열들의 충성을 기리기 위하여 정한 날
237	刑	
	형벌 형	❶ 구형(求刑) : 형사 재판에서, 피고인에게 어떤 형벌을 줄 것을 검사가 판사에게 요구하는 일 ❷ 실형(實刑) : 법원의 선고를 받아 실제로 집행된 경우의 형벌
238	或	
	혹/혹시 혹	❶ 혹시(或是) : 그러할 리는 없지만 만일에 ❷ 혹자(或者) : 어떠한 사람
239	婚	
	혼인할 혼	❶ 혼인(婚姻) : 남자와 여자가 부부가 되는 일 ❷ 이혼(離婚) : 부부가 혼인 관계를 끊는 일
240	混	
	섞을/섞일 혼:	❶ 혼잡(混雜) : 여럿이 한데 뒤섞이어 어수선함 ❷ 혼합(混合) : 뒤섞어서 한데 합함

4급

번호	획순 · 훈(뜻) 음(소리)	따라 쓰기 · 어휘 뜻풀이
241	紅	紅 紅 紅 紅 紅
	붉을 홍	❶ 홍조(紅潮) : 아침 해가 바다에 비치어 붉게 물든 경치 ❷ 홍삼(紅蔘) : 수삼을 쪄서 말린 붉은 빛깔의 인삼
242	華	華 華 華 華 華
	빛날/꽃 화	❶ 영화(榮華) : 몸이 귀하게 되어 이름이 세상에 빛남 ❷ 화려(華麗) : 빛나고 아름다움
243	環	環 環 環 環 環
	고리 환(:)	❶ 환경(環境) : 생물에게 직접 · 간접으로 영향을 주는 자연적 조건이나 사회적 상황 ❷ 순환(循環) : 주기적으로 자꾸 되풀이하여 돎
244	歡	歡 歡 歡 歡 歡
	기쁠 환	❶ 환영(歡迎) : 기쁜 마음으로 맞음 ❷ 환송(歡送) : 떠나는 사람을 기쁜 마음으로 보냄
245	況	況 況 況 況 況
	상황/하물며 황:	❶ 현황(現況) : 현재의 상황 ❷ 호황(好況) : 경기가 좋음

번호	획순 · 훈(뜻) 음(소리)	따라 쓰기 · 어휘 뜻풀이
246	灰	
	재 회	❶ 회색(灰色) : 재의 빛깔과 같이 흰빛을 띤 검정 ❷ 양회(洋灰) : 토목이나 건축의 재료로 쓰는 접합제
247	厚	
	두터울 후:	❶ 후사(厚謝) : 후하게 사례함 ❷ 온후(溫厚) : 성품이 온화하고 후덕함
248	候	
	기후 후:	❶ 기후(氣候) : 기온, 비, 눈, 바람 따위의 대기 상태 ❷ 악천후(惡天候) : 몹시 나쁜 날씨
249	揮	
	휘두를 휘	❶ 지휘(指揮) : 목적을 효과적으로 이루기 위하여 단체의 행동을 통솔함 ❷ 발휘(發揮) : 재능, 능력 따위를 떨치어 나타냄
250	喜	
	기쁠 희	❶ 희극(喜劇) : 익살과 풍자로 관객을 웃기는 연극 ❷ 희비(喜悲) : 기쁨과 슬픔

사자성어(四字成語)

4개의 한자(漢字)로 이루어진 말을 사자성어(四字成語)라고 합니다.
즉, 두 개의 한자어(漢字語)를 붙여서 하나의 말(成語성어)을 만든 것입니다.

1. 가정교육(家庭敎育) : 가정의 일상생활 가운데 집안 어른들이 자녀들에게 주는 영향이나 가르침
2. 각자도생(各自圖生) : 제각기 살아 나갈 방법을 꾀함
3. 거수경례(擧手敬禮) : 오른손을 들어 올려서 하는 경례
4. 거자필반(去者必反) : 헤어진 사람은 언젠가 반드시 돌아오게 된다는 말
5. 격물치기(格物致知) : 실제 사물의 이치를 연구하여 지식을 완전하게 함
6. 견물생심(見物生心) : 어떠한 실물을 보게 되면 그것을 가지고 싶은 욕심이 생김
7. 결사반대(決死反對) : 죽기를 각오하고 있는 힘을 다하여 반대함
8. 경로효친(敬老孝親) : 어른을 공경하고 부모에게 효도함
9. 경천애인(敬天愛人) : 하늘을 공경하고 사람을 사랑함
10. 공명정대(公明正大) : 하는 일이나 행동이 사사로움이 없이 떳떳하고 올바름

----

11. 과실상규(過失相規) : 나쁜 행실을 하지 못하도록 서로 규제함
12. 교학상장(敎學相長) : 남을 가르치는 일과 배우는 일은 서로에게 도움이 됨
13. 구사일생(九死一生) : 아홉 번 죽을 뻔하다 한 번 살아난다는 뜻으로, 죽을 고비를 여러 번 넘기고 간신히 살아남
14. 금시초문(今時初聞) : 바로 지금 처음으로 들음
15. 낙목한천(落木寒天) : 낙엽 진 나무와 차가운 하늘, 추운 겨울을 말함
16. 낙화유수(落花流水) : 떨어지는 꽃과 흐르는 물이라는 뜻으로, 가는 봄의 경치를 이르는 말
17. 남녀유별(男女有別) : 남자와 여자 사이에 분별이 있어야 함을 이르는 말
18. 남녀평등(男女平等) : 남자와 여자의 법률적 권리나 사회적 대우가 성별에 따라 차별이 없음
19. 노사화합(勞使和合) : 노동자와 사용자 서로 뜻을 같이하여 발전함
20. 능소능대(能小能大) : 작은 일이나 큰 일 모두 능하다는 뜻으로, 모든 일에 능함

----

21. 다재다능(多才多能) : 재주와 능력이 여러 가지로 많음
22. 다정다감(多情多感) : 정이 많고 감정이 풍부함
23. 대대손손(代代孫孫) : 오래도록 내려오는 여러 대
24. 대동단결(大同團結) : 여러 집단이나 사람이 어떤 목적을 이루려고 크게 한 덩어리로 뭉침
25. 대서특필(大書特筆) : 특별히 두드러지게 보이도록 글자를 크게 쓴다는 뜻으로, 신문 따위의 출판물에서 어떤 기사에 큰 비중을 두어 다룸을 이르는 말
26. 동고동락(同苦同樂) : 괴로움도 즐거움도 함께함
27. 동문서답(東問西答) : 물음과는 전혀 상관없는 엉뚱한 대답
28. 동서고금(東西古今) : 동양과 서양, 옛날과 지금을 통틀어서 하는 말
29. 동성동본(同姓同本) : 성(姓)과 본관(本貫:시조(始祖)가 난 곳)이 모두 같음
30. 동시다발(同時多發) : 같은 시간이나 같은 때에 연이어서 같은 일이 발생함
31. 동화작용(同化作用) : 외부에서 섭취한 에너지를 자체의 고유성분으로 변화시키는 일

32. 마이동풍(馬耳東風) : 동풍이 말의 귀를 스쳐간다는 뜻으로, 남의 말을 귀담아 듣지 않고 흘려버림
33. 만고불변(萬古不變) : 오랜 세월에도 변하지 않음
34. 만리장성(萬里長城) : 서로 넘나들 수 없도록 가로막은 크고 긴 장벽
35. 만민안락(萬民安樂) : 모든 백성들이 편안하고 즐거운 생활을 함
36. 문일지십(聞一知十) : 하나를 듣고 열 가지를 미루어 안다는 뜻으로, 지극히 총명함을 이르는 말
37. 문전성시(門前成市) : 출세를 하거나 유명해져서 찾아오는 사람이 많음
38. 백년대계(百年大計) : 먼 앞날까지 미리 내다보고 세우는 크고 중요한 계획
39. 백년하청(百年河淸) : 아무리 오랜 시일이 지나도 어떤 일이 이루어지기 어려움을 이르는 말
40. 백만장자(百萬長者) : 재산이 매우 많은 사람. 또는 아주 큰 부자

----

41 백면서생(白面書生) : 글만 읽고 세상물정을 하나도 모르는 사람
42. 백의민족(白衣民族) : 흰옷을 입은 민족이라는 뜻으로, '한민족'을 이르는 말
43. 백전백승(百戰百勝) : 싸울 때마다 다 이김
44. 봉사활동(奉仕活動) : 남을 위하여 자신을 돌보지 아니하고 힘을 바쳐 애씀
45. 부전자전(父傳子傳) : 아버지가 아들에게 대대로 전함
46. 북창삼우(北窓三友) : 거문고, 술, 시(詩)를 아울러 이르는 말
47. 불로장생(不老長生) : 늙지 않고 오래 삶
48. 불문가지(不問可知) : 묻지 않아도 알 수 있음
49. 불문곡직(不問曲直) : 옳고 그름을 따지지 아니함
50. 불요불급(不要不急) : 필요하지도 않고 급하지도 않음

----

51. 불원천리(不遠千里) : 천 리 길도 멀다고 여기지 않음
52. 빙산일각(氷山一角) : 빙산의 뿔이라는 뜻으로, 대부분이 숨겨져 있고 외부로 나타나 있는 것은 극히 일부분에 지나지 아니함을 비유적으로 이르는 말
53. 사농공상(士農工商) : 예전에 백성의 네 가지 계급.(선비, 농부, 공장(工匠), 상인)
54. 사면춘풍(四面春風) : 누구에게나 좋게 대하는 일
55. 사친이효(事親以孝) : 어버이를 섬기고 효도함을 이름
56. 사해형제(四海兄弟) : 온 세상 사람이 모두 형제와 같다는 뜻으로, 친밀함을 이르는 말
57. 산전수전(山戰水戰) : 산에서도 싸우고 물에서도 싸웠다는 뜻으로, 세상의 온갖 고생과 어려움을 다 겪었음을 이르는 말
58. 삼위일체(三位一體) : 세 가지의 것이 하나의 목적을 위하여 통합되는 일
59. 생로병사(生老病死) : 사람이 나고 늙고 병들고 죽는 네 가지 고통
60. 생면부지(生面不知) : 서로 한 번도 만난 적이 없어서 전혀 알지 못하는 사람

----

61. 생사고락(生死苦樂) : 삶과 죽음, 괴로움과 즐거움을 통틀어 이르는 말
62. 속전속결(速戰速決) : 싸움을 오래 끌지 아니하고 빨리 몰아쳐 이기고 짐을 결정함
63. 십년지기(十年知己) : 오래전부터 친히 사귀어 잘 아는 사람
64. 안분지족(安分知足) : 편안한 마음으로 제 분수를 지키며 만족할 줄을 앎

65. 안심입명(安心立命) : 자신의 불성(佛性)을 깨닫고 삶과 죽음을 초월함으로써 마음의 편안함을 얻는 것을 이르는 말
66. 애국애족(愛國愛族) : 나라를 사랑하고 민족을 사랑함
67. 양약고구(良藥苦口) : 좋은 약은 입에 쓰다는 뜻으로, 충언(忠言)은 귀에 거슬리나 자신에게 이로움을 이르는 말
68. 어불성설(語不成說) : 말이 조금도 사리에 맞지 아니함
69. 언문일치(言文一致) : 실제로 쓰는 말과 그 말을 적은 글이 일치함
70. 언행일치(言行一致) : 말과 행동이 하나로 들어맞음

---

71. 영재교육(英才教育) : 천재아의 재능을 훌륭하게 발전시키기 위한 특수 교육
72. 온고지신(溫故知新) : 옛것을 익히고 그것을 미루어서 새것을 앎
73. 요산요수(樂山樂水) : 산과 물을 좋아한다는 뜻으로, 자연을 좋아함을 말함
74. 우순풍조(雨順風調) : 비가 때맞추어 알맞게 내리고 바람이 고르게 분다는 뜻으로, 농사에 알맞게 기후가 순조로움을 이르는 말
75. 유구무언(有口無言) : 입은 있어도 말은 없다는 뜻으로, 변명할 말이 없거나 변명을 못함을 이르는 말
76. 유명무실(有名無實) : 이름만 그럴듯하고 실속은 없음
77. 이목구비(耳目口鼻) : 귀・눈・입・코를 아울러 이르는 말. 얼굴의 생김새
78. 이실직고(以實直告) : 사실 그대로 고함
79. 이심전심(以心傳心) : 마음과 마음으로 서로 뜻이 통함
80. 인명재천(人命在天) : 사람의 목숨은 하늘에 달려 있다는 뜻으로, 목숨의 길고 짧음은 사람의 힘으로 어쩔 수 없음을 이르는 말

---

81. 인상착의(人相着衣) : 사람의 생김새와 옷차림
82. 일구이언(一口二言) : 한 입으로 두 말을 한다는 뜻으로, 한 가지 일에 대하여 말을 이랬다저랬다 함을 이르는 말
83. 일일삼성(一日三省) : 하루에 세 가지 일로 자신을 되돌아보고 살핌
84. 일일삼추(一日三秋) : 하루가 삼 년 같다는 뜻으로, 몹시 애태우며 기다림을 이르는 말
85. 일장일단(一長一短) : 일면의 장점과 다른 일면의 단점을 통틀어 이르는 말
86. 일조일석(一朝一夕) : 하루 아침과 하루 저녁이란 뜻으로, 짧은 시일을 이르는 말
87. 일치단결(一致團結) : 여럿이 마음을 합쳐 한 덩어리로 굳게 뭉침
88. 입춘대길(立春大吉) : 입춘을 맞이하여 길운을 기원하며 벽이나 문짝 따위에 써 붙이는 글귀
89. 자고이래(自古以來) : 예로부터 지금까지의 과정
90. 자급자족(自給自足) : 필요한 물자를 스스로 생산하여 충당함

---

91. 자문자답(自問自答) : 스스로 묻고 스스로 대답함
92. 자수성가(自手成家) : 물려받은 재산이 없이 자기 혼자의 힘으로 집안을 일으키고 재산을 모음
93. 자유자재(自由自在) : 거침없이 자기 마음대로 할 수 있음

94. 자초지종(自初至終) : 처음부터 끝까지의 과정
95. 작심삼일(作心三日) : 단단히 먹은 마음이 사흘을 가지 못한다는 뜻으로, 결심이 굳지 못함을 이르는 말
96. 전광석화(電光石火) : 번갯불이나 부싯돌의 불이 번쩍거리는 것과 같이 매우 짧은 시간이나 매우 재빠른 움직임
97. 전무후무(前無後無) : 이전에도 없었고 앞으로도 없음
98. 전지전능(全知全能) : 어떠한 사물이라도 잘 알고, 모든 일을 다 행할 수 있음
99. 조변석개(朝變夕改) : 아침저녁으로 뜯어고친다는 뜻으로, 계획이나 결정 따위를 일관성이 없이 자주 고침을 이르는 말
100. 주객일체(主客一體) : 주체와 객체가 하나가 됨

---

101. 주야장천(晝夜長川) : 밤낮으로 쉬지 아니하고 연달아
102. 지과필개(知過必改) : 누구나 허물이 있는 것이니, 허물을 알면 즉시(卽時) 고쳐야 함
103. 지행합일(知行合一) : 지식과 행동이 서로 맞음
104. 천만다행(千萬多幸) : 아주 다행함
105. 천재지변(天災地變) : 지진, 홍수, 태풍 따위의 자연 현상으로 인한 재앙
106. 청산유수(靑山流水) : 푸른 산에 흐르는 맑은 물이라는 뜻으로, 막힘없이 썩 잘하는 말
107. 청풍명월(淸風明月) : 맑은 바람과 밝은 달
108. 청천백일(靑天白日) : 하늘이 맑게 갠 대낮
109. 초록동색(草綠同色) : 풀색과 녹색은 같은 색이라는 뜻으로, 처지가 같은 사람들끼리 한패가 되는 경우를 비유적으로 이르는 말
110. 초식동물(草食動物) : 식물을 주로 먹고 사는 동물

---

111. 추풍낙엽(秋風落葉) : 가을바람에 떨어지는 나뭇잎
112. 패가망신(敗家亡身) : 집안의 재산을 다 써 없애고 몸을 망침
113. 풍대세월(風待歲月) : 아무리 바라고 기다려도 실현될 가망성이 없음
114. 풍화작용(風化作用) : 지표를 구성하는 암석이 햇빛, 공기, 물, 생물 따위의 작용으로 점차로 파괴되거나 분해되는 일
115. 형형색색(形形色色) : 형상과 빛깔 따위가 서로 다른 여러 가지
116. 화조월석(花朝月夕) : 꽃 피는 아침과 달 밝은 밤이라는 뜻으로, 경치가 좋은 시절을 이르는 말
117. 훈민정음(訓民正音) : 백성을 가르치는 바른 소리라는 뜻으로, 1443년에 세종대왕이 창제
118. 흉악무도(凶惡無道) : 성질이 거칠고 사나우며 도의심이 없음

쓰기 연습장

쓰기 연습장

쓰기 연습장

쓰기 연습장

쓰기 연습장

쓰기 연습장

쓰기 연습장

쓰기 연습장

十看不如一讀(십간불여일독)이요.

열 번 눈으로 보기만 하는 것은 한번 소리 내어 읽는 것만 못하고,

十讀不如一書(십독불여일서)이다.

열 번 소리 내어 읽는 것은 한번 정성들여 쓰는 것만 못하다.